“十三五”江苏省高等学校重点教材（编号：2018-1-172）

职场核心礼仪

实用教程

主　编　安俊丽　许　墨
副主编　顾晓红　芦海英　李鑫锋
参　编　陈红娟　霍利华　王　刚　李君鹏

中国人民大学出版社
·北京·

图书在版编目（CIP）数据

职场核心礼仪实用教程 / 安俊丽，许墨主编. 北京：中国人民大学出版社，2024. 11. -- ISBN 978-7-300-33491-2

Ⅰ. C912. 12

中国国家版本馆 CIP 数据核字第 20244XU397 号

"十三五"江苏省高等学校重点教材（编号：2018－1－172）

职场核心礼仪实用教程

主　编　安俊丽　许　墨

副主编　顾晓红　芦海英　李鑫锋

参　编　陈红娟　霍利华　王　刚　李君鹏

Zhichang Hexin Liyi Shiyong Jiaocheng

出版发行　中国人民大学出版社

社　　址　北京中关村大街 31 号　　邮政编码　100080

电　　话　010－62511242（总编室）　　010－62511770（质管部）

010－82501766（邮购部）　　010－62514148（门市部）

010－62515195（发行公司）　　010－62515275（盗版举报）

网　　址　http://www.crup.com.cn

经　　销　新华书店

印　　刷　北京密兴印刷有限公司

开　　本　787 mm×1092 mm　1/16　　版　　次　2024 年 11 月第 1 版

印　　张　11　　印　　次　2024 年 11 月第 1 次印刷

字　　数　223 000　　定　　价　42.00 元

PREFACE

前言

孔子曰："不学礼，无以立。"荀子言："人无礼则不生，事无礼则不成，国家无礼则不宁。"儒家信奉有"礼"走遍天下，无"礼"寸步难行。礼仪对于立人、立事、立国都具有重要的意义。当今社会已经把职业素养作为评价员工的重要指标，除专业知识和技能外，敬业和守礼等隐性素质更加重要。

成功的职业生涯并不意味着一定要才华横溢，更重要的是在工作中要有一定的职场技巧，用一种恰当合理的方式与他人沟通和交流，这样才能在职场中赢得别人的尊重，才能在职场中获胜。作为一位现代职业人员，不知礼，则必失礼；不守礼，则必被视为无礼。每一个职场人都需要具有树立、塑造并维护自我职业形象的意识，掌握并恰当地应用职场礼仪，完善和维护职场人员的职业形象，有效避免因礼仪缺失造成的工作失误，从而做一名成功的职业人士。

为了满足社会对现代职业人员素质和能力的要求，大学生有必要进行礼仪知识的学习和礼仪技能的训练，不断提升个人形象，促使自己熟练掌握并运用人际交往的技巧，提高沟通能力，进而完善自身的综合素质，提高职业竞争力。

本书是本课题组积累二十余年一线教学和社会培训经验，结合当代大学生实际情况而编写的礼仪教材，旨在提高大学生的礼仪文化修养，使大学生既具有一定的礼仪理论知识，又具有较强的人际交往技巧和能力，并进一步培养大学生高雅的气质，塑造良好的个人职业形象，以满足各行业对高素质人才的要求。

CONTENTS

目 录

绪 论 礼仪概述

一、礼仪的含义

“礼仪”的内容比较丰富，从广义上讲，是指一个时代的典章制度；从狭义上讲，是指人们在社会交往活动中形成的行为规范与准则，具体表现为礼貌、礼节、仪表、仪式等。具体来说，礼貌是指人们在交往过程中表示敬重、友好的行为规范；礼节是指人们在社会交际过程中表示敬意、问候、祝愿等的惯用形式；仪表是指人的外表；仪式是指在一定场合举行的程序化、规范化的活动。本书所介绍的礼仪是指狭义的“礼仪”，特别指在现代职场中的礼貌礼节和行为规范。

二、职场礼仪的基本特点

礼仪是社会意识形态的一部分，属于上层建筑，在其形成和调节人际关系、社会关系的过程中，形成了自身的特性。

（一）规范性

礼仪是指人们在交际场合待人接物时必须遵守的行为规范。这种规范性本身所反映的实质是一种被广泛认同的社会价值取向和对他人的态度。无论是具体的言行还是具体的姿态，均可反映出行为主体的思想、道德等内在品质和外在的行为标准，对人们在一切交际场合，特别是工作场合的个人形象、言谈话语、行为举止具有普遍约束性，成为人们在社会交往中是否自律和敬人的衡量标准。

（二）共同性

礼仪是在人类共同生活的基础上形成的，是同一社会中全体成员调节相互关系的行为规范。礼仪随着社会生产、生存环境和生活形态的变化而不断充实完善，逐渐成为社会各阶层共同遵守的行为准则。礼仪的内容大都以约定俗成的民俗习惯、特定文化为依据，集中反映了一定范围内人们共同的文化心理和生活习惯，从而带有明显的共同性特点。礼仪应用于人们的社会交往之中，其范围和准则必须得到广泛的认可，这样才能在相当大的范围内被共同遵守，这也决定了礼仪的共同性特点。由于交往范围不断扩大，原先由于地域和文化交流限制所造成的礼仪规范的差异逐渐被打破，许多礼仪形式被越来越多的人接受和认可，礼仪的共同性特点将会日趋明显。

（三）自律性

礼仪是社会生活中约定俗成的习惯和规则。礼仪对人们的各种行为活动都有广泛的约束力，但这种约束力不是强制性的。礼仪不像法律那样威严，也不像道德那样肃然，礼仪的实施无须别人的督促和监督，有人违反了礼仪规范，也不会受到法律的制裁。因此，礼仪的实施，主要是依靠人们自觉地利用礼仪规范来约束自己的行为，这就是礼仪的自律性。礼仪的这一特点，要求人们在实施礼仪的过程中，树立起一种内心的道德信念和行为修养准则，不断提高自我约束、自我克制的能力，在人际交往中自觉地遵守礼仪规范。礼仪的自律性并不是说礼仪是可以随意冒犯的，不注重礼仪的人在社会生活中往往会碰壁，孤独、尴尬、失意总是难以摆脱，而自觉地注重礼仪，就会受到人们的尊重，人际交往就会较为顺利。

（四）等级性

礼仪的等级性表现在对不同身份、地位的人士所采用的礼宾待遇的不同。在社会生活中，人们往往用长幼之分来规范受尊重程度；而在官方交往中，则要确定官方礼宾次序，其主要依据是担任的公职或社会地位的高低。这种礼宾次序带有某种强制性，不同的人因此而受到不同的礼宾待遇，但这并不意味着人有尊卑贵贱，而是现代社会正常交往秩序的表现，反映了各级公务人员的社会身份和角色规范。礼仪的等级性在社会交往中还表现为双向对等性，即在不同地区、不同组织的交往中，双方人员在公职身份和社会地位上要相近，业务性质要相似，以此来表示对对方的尊重。双方的交往还应当是一种尊重互换、情感互动的过程，在礼节上要有来有往、相互对等。这是工作需要与礼仪要求的统一。

（五）操作性

礼仪规范以人为本，重在实践，人人可学，习之易行，行之有效。礼仪学习不是纸上谈兵或者空洞无物，而是既要懂得总体上的礼仪原则和礼仪规范，又要在具体细节上细致周详地把原则和规范落实到言谈举止上。因此职场礼仪贵在执行，在广泛的应用中不断领悟，在具体的实践中感受其重要性。

三、职场礼仪的分类

职场礼仪，按应用范围一般分为政务礼仪、商务礼仪、服务礼仪和涉外礼仪等四类。这四类之间各有侧重，却又彼此交融。

（一）政务礼仪

政务礼仪是国家公务员在行使国家权力和管理职能时所必须遵循的礼仪规范。它适用的范围是政府活动，是公务员在工作岗位上的待人接物之道，适用对象是国家公务员。

（二）商务礼仪

商务礼仪是在商务交往中企业的员工待人接物的技巧和措施。它是在商务活动中体现相互尊重的行为准则，是商务活动中对人的仪容仪表和言谈举止的普遍要求。商务礼仪的核心是一种行为准则，用来约束日常商务活动的方方面面。

（三）服务礼仪

服务礼仪是指服务行业的从业人员应具备的基本素质和应遵守的行为规范。主要适用于酒店、商场、保险公司、民用航空公司、旅行社、电子信息等服务行业的从业人员、经营管理人员等从事服务工作的人士。

（四）涉外礼仪

涉外礼仪是指在长期的国际往来中，逐步形成的外事礼仪规范，是人们参与国际交往所要遵守的惯例。它强调交往中的规范性、对象性和技巧性。

四、职场礼仪的价值和作用

（一）塑造个人职业形象

在人际交往中，礼仪往往是衡量一个人文明程度的准绳。它不仅反映一个人的交际技巧与应变能力，而且还反映一个人的气质风度、阅历见识、道德情操、精神风貌。因此，在这个意义上，完全可以说礼仪即教养，而有道德才能高尚，有教养才能文明。也就是说，通过一个人对礼仪运用的程度，可以察知其教养的高低、文明的程度和道德的水准。讲究礼仪对个人的成功是至关重要的，因为它关系到个人的形象。个人形象是一个人仪容、表情、举止、服饰、谈吐、教养的集合，而礼仪在上述诸方面都有详尽的规范，因此学习礼仪，运用礼仪，无疑将有益于人们更好、更规范地设计个人形象、维护个人形象，更好、更充分地展示个人的良好教养与优雅的风度。

（二）改善职场人际关系

现代化的社会对人们的社交提出了新的要求，社会越发展，物质生活越丰富，人们越需要社交活动，而处在社交活动中的每个人的仪表、仪态及对礼仪知识的了解也变得极其重要。一个人只要同其他人打交道，就不能不讲礼仪。运用礼仪，除了可以使个人在交际活动中充满自信、胸有成竹、处变不惊之外，最大的好处就在于，它能够帮助人们规范彼此的交际活动，更好地向交往对象表达自己的尊重、敬佩、友好与善意，增进彼此之间的了解与信任。礼仪与礼貌，可以帮助人们更好地取得交际成功，进而造就和谐、融洽的人际关系，取得事业的成功。

（三）塑造组织整体形象

良好的组织形象是任何组织都刻意追求的目标，组织形象的塑造处处都需要礼仪。比如：你想和某一单位联系业务，当你拨打对方办公室电话无人接听或铃响五六声之后才有人接听时，你会对该单位产生一种印象——工作效率不高，制度不健全，员工素质不高等印象。反之，当你一拨通电话，听到对方亲切的问候，得体的称谓，礼貌的语言，简洁干练的回答，你就会对该单位有一个良好的印象。

（四）建设社会精神文明

世界各国和各民族都十分重视交往时的礼节礼貌，把它视为一个国家和民族文明程度的重要标志，正如古人所说："礼义廉耻，国之四维"，礼仪是立国的精神要素之本。在社会主义精神文明建设中，讲究礼节礼仪，注重礼貌是最基本的要求，它对建设精神文明的大厦起着基础作用，只有基础打得扎实，大厦才能稳固。

即测即评

扫一扫　练一练

第一讲　个人礼仪

随着生活水平的提高，人们对美的追求日益增强，而塑造良好的个人形象是追求美的第一步。同时，美好的个人形象也是对交往对象尊重的重要体现。根据首因效应，在社交场合，人们留给初次见面者的第一印象，一般不会超过刚见面的三秒钟。而这第一印象一旦形成，往往不易改变，在此后的交往中将会影响对方对自己的看法与评价。第一印象的形成主要由个人的仪容、着装、言谈举止、表情、配饰等要素决定，这几个要素是个人形象的重要组成部分。个人礼仪，就是设计、塑造与维护个人社交形象的具体规范，个人礼仪的宗旨就是要为人际交往的每一位参与者努力塑造出一种得体的个人形象。因此，个人礼仪是社交礼仪的基础，是待人接物的立身之本，是每位社交参与者首先要关注的问题。

一、个人的仪容仪表

仪表是指人的外表，包括容貌、举止、服饰等方面。仪表是一个人的精神面貌以及内在素质的外在表现，在一定意义上能反映一个人的修养、性格等特征。注重仪表是社交活动中一个不可忽视的问题。仪表美可以给人留下良好的第一印象，同时也是自尊自爱、尊重他人的需要。相反，如果忽略了仪表美，往往会“因小失大”，试看下例：

毕业生张玲，去一家公司应聘秘书职位，由于大学期间成绩优秀、实践成果突出，在众多的应聘者中脱颖而出，进入面试环节。面试那天，张玲特意打扮了自己：穿着迷你裙，涂着鲜红的唇膏，乌黑的浓眉，还喷了很多香水，香气袭人。到了面试现场，她走到考官面前，不请自坐，随后跷起了“二郎腿”，笑眯眯地等着问话。孰料，三位面试官交换了一下眼色，主考官说：“小张，请回去等通知吧。”张玲喜出望外，一路小跑离开考场，回家静候佳音了。可是最终结果却令她大失所望。

此例中，张玲在面试场合，着装、仪容仪表以及举止等方面均不符合该场合应遵守的礼仪规范。单从服饰和妆容来看，就已经显示其礼仪知识的匮乏，无意间的举止表现对面试官也显得不尊重。可想而知，张玲的这次面试结果是失败的。

（一）个人仪容礼仪

所谓仪容，通常指人的外观、外貌。在人际交往中，每个人的仪容都会引起不同交往对象的关注，并影响对方对你的整体印象和评价。在礼仪中个人仪容的基本要求是仪容美。

仪容美的具体含义主要有三层：首先是自然美，指仪容的先天条件好，天生丽质；其次是修饰美，指依照规范与个人条件，对仪容做必要的修饰，扬长避短，设计、塑造出美好的个人形象；再次是内在美，指通过努力学习，不断提高个人的文化艺术素养和思想道德水准，塑造高雅的气质与美好的心灵，使自己秀外慧中、表里如一。其中，内在美是最高的境界，自然美是人们的心愿，而修饰美则是仪容礼仪关注的重点。个人仪容礼仪的基本原则是美观整洁、卫生得体。仪容的重点内容主要包括头发、面容、肢体、化妆等方面。

1. 头发

修饰仪容，“从头做起”。要注意保持头发的干净整洁，发型得体。具体来说，修饰头发应当注意以下两个方面的问题：

（1）干净整洁。平时无论有无交际应酬活动，都要勤于梳洗头发，保持卫生清洁，这样能给人留下神清气爽的印象；蓬头垢面、头屑乱飞则给人萎靡不振甚至缺乏教养的感觉。因此，头发要勤于梳理，保持清洁，不应该出现满头油发及头皮屑；消除异味，比如汗臭、油味以及浓烈的化妆品等气味。如有重要的公务活动，还应当事前认真洗发、理发、梳发。但注意要在私下完成，绝不能当着他人的面进行。

（2）发型得体。发型的选择要和个人的性别、年龄、脸形、体型和职业相协调。一般来说，女性不宜留太短的头发，也不宜染烫过于前卫和怪异的发型；男性不宜留长发、剃光头，一般也不宜烫发，演艺界、娱乐界、时尚界人士，可另当别论。商务人员的发型要方便工作，符合工作的要求：女性的刘海不能遮眉眼，若散开头发，发长不宜超过肩部；若是长发，在工作中尽量要扎起或盘起；男性不宜留鬓角、发帘，长度一般为前发不触及额头、侧发不触及耳朵、后发不触及衣领。

2. 面容

仪容在很大程度上是指人的面部容貌，包括人的耳、目、口、鼻等五官在内的头的前部，是人的头部最为引人注目之处。修饰面容，保持面容的干净清爽，应当重点修饰眼部、口部、鼻部和耳部，做到无油污、无泪痕、无其他不洁之物，以整洁、卫生、简约、端庄的状态示人。具体应当注意以下几个方面：

（1）眼部卫生。首先要注意清洁，眼睛周围不能有分泌物。此外，在日常生活中也不宜涂抹过于浓艳的眼妆，因为在自然光下，浓妆会让人产生不洁之感。如果佩戴眼镜，要随时擦拭或清洗干净，免得让人“不识庐山真面目”。

（2）耳部卫生。首先要做到基本保洁，即保持耳朵清洁，及时清除耳垢和修剪耳毛。另外，冬季也要注意耳朵的防寒保暖，避免发生冻疮，影响美观。

（3）口腔卫生。勤刷牙、勤漱口，避免牙齿污染、口腔异味，也不宜在公众场合发出打嗝、清嗓、吐痰等不雅之声。参加社交活动前应禁食容易产生异味的食物，如蒜、韭菜、腐乳、虾酱、臭豆腐以及烟、酒等；适当呵护自己的嘴唇，防止干裂和生疮；避免唇边残留分泌物和其他异物。

（4）鼻部卫生。鼻子要保持清洁，不要让异物堵塞鼻孔，或者鼻涕肆意流淌。不要随意吸鼻子、擤鼻涕，也不要在众人面前挖鼻孔。男士应当注意剃胡须、修剪鼻毛。

另外，脖颈与头部紧紧相连，属于面部的自然延伸。因此要像爱护面部一样爱护它，要保持与面部的皮肤颜色一致，尤其应避免因面部擦抹过多的化妆品而造成与颈部的“人为分割”。

3. 肢体

在正常情况下，肢体是人的身体中使用最勤、动作最多的一个部分，而且其动作往往还被附加了多种含义，所以不仅要注意保持肢体的卫生，还要注意肢体的修饰。具体应注意以下几个方面：

（1）手掌要清洁卫生，餐前便后、接触污物之后都要及时清洗。在一些特殊的工作岗位上，除了勤洗手保持清洁外，按规定还必须戴上专用手套。

（2）指甲要勤于修剪，最好不留长指甲。女士可适当使用无色透明的指甲油，能够增添手部的魅力，给人留下美好的印象，但不宜使用颜色醒目的指甲油；指甲周围死皮要勤于清理。

（3）在正式公务活动或大型会议中，不宜裸露肩臂，尽量穿着长半袖或者长袖衣服，尤其是腋毛不宜暴露，女士在夏季穿着裙装、短袖时要格外注意这一点。

（4）在正常情况下，要勤洗脚、勤换袜子、勤换鞋，尤其是夏天，要保持鞋袜无异味，这样既卫生又健康；还要保持鞋面、鞋跟清洁，要勤于擦洗，不能留有污垢或明显的灰尘。

（5）在正式场合，男女都不得穿凉鞋，应前不露脚趾，后不露脚后跟；女性着裙装时，不得光腿，要穿肉色长筒丝袜。女性如果腿部汗毛较重，可脱去或剔除，或者选择深色丝袜加以遮掩。男性必须穿长裤，且裤管要能覆盖袜筒，不能露出腿毛。非正式场合光脚要注意保持脚部和脚指甲的干净卫生。

4. 化妆

一般情况下，女士对妆容更加重视。化妆是修饰面容的一种高级方法，也是生活中的一门艺术。适度而得体的妆容，可以体现女性端庄、美丽、温柔、大方的独特气质。女性在社交生活中，以化妆品及艺术描绘手法来装扮自己以达到振奋精神和尊重他人的目的。所以，在人际交往中，化妆既是为了敬人，也是为了自尊。化妆并不是女士的专利，男士要显得有风度也应注意外形的修饰，平时适当保养皮肤，保持皮肤的光泽，使面容更加生动，给人以清洁、庄重、文雅的感觉，显得有朝气、有品位。

脸部化妆，一方面要突出面部五官美的部分，使其更加美丽；另一方面要掩盖或矫正不足的部分。女士在不同的场合，妆容要有所区别。“工作妆”宜自然清雅，其最高境界是“妆有若无”，也就是妆要化得自然，不能有明显的修饰痕迹；“休闲妆”宜清丽洒脱，适宜淡妆；“晚宴妆”“舞会妆”适宜浓妆，追求妩媚动人的化妆效果。值得注意的是，不论哪种妆容，都不宜使用浓香型化妆品。

化妆时应注意以下几个方面的禁忌：

一忌不合身份。应选择适合自己身份的妆容，要与自身的职业、年龄、气质相符，不能不顾及自己的身份角色，刻意追求荒诞、怪异的妆容。

二忌当众化妆。化妆应在无人之处或是在专用的休息室或化妆间进行。不可当众化妆，更不应该在异性面前化妆。

三忌岗上化妆。工作人员应在上岗之前完成化妆，不应在工作岗位上化妆。否则，不仅显得工作三心二意，而且也表现出对他人的不尊重。

四忌借用他人化妆品。化妆品属于私人物品，出于卫生的考虑，应尽量避免借用。如果实在需要借用，也要先征得主人的同意，并且最好不要让化妆用具直接接触皮肤。

五忌评论他人的妆容。化妆纯属个人私事，不可自以为是地对他人的妆容进行评论或非议，尤其不要私下议论他人的妆容；也不应当冒冒失失地打听对方所使用化妆品的种类、价格及化妆的具体方法等。

六忌残妆露面。因外出就餐或者中午休息等原因可能会造成妆面残缺，这种情况应及时补妆。

（二）个人表情礼仪

表情，主要指面部表情。在人际交往中，表情真实地反映着人们的思想、情感、反应，以及其他一切心理活动与变化。传播学认为：在人们所接受的来自他人的信息中，只有45%来自有声语言，而55%来自无声语言，后者又有70%以上来自表情。由此可见，表情在人际交往中所处的重要位置。在社交场合要理解表情、把握表情，还要主动管理好自己的表情，使自己的表情热情友好、轻松自然。影响社会交往的个人表情主要包括眼神和笑容。

1. 眼神

眼睛是一个人内心世界的窗口，从一个人的眼神中可以看到他的内心世界。一个具有良好社交形象的人，其眼神是亲切、友善和富于神采的。在人际交往中，87%的信息来自视觉，而听觉只占10%左右。泰戈尔说：“一旦学会了眼睛的语言，表情的变化将是无穷无尽的。”因此，在社会交往过程中，要善于准确运用眼神，使之成为人际交往的点睛之笔。

刘丹是一家著名企业秘书岗位的候选人。面试前，她做了精心的准备；面试中，回答问题专业且逻辑清晰，但最终她并没有被录取。

人力资源部反馈的理由是，“她各方面硬件过关，学历、专业、实践经验等方面都比较匹配。唯一的问题是，她面试时全程都没有与我们考官进行眼神交流，每当考官看她，她就会迅速把眼睛垂下，回避与考官对视，感觉不太自信。公司秘书要经常跟领导一起接触一些重要客户，如果给人一种畏畏缩缩的感觉，会影响客户对公司的好感度与信任度。所以我们认为她没法胜任这份工作。”

从此例不难看出，刘丹因面试时回避与考官进行眼神交流，传递出内向、不自信，甚至不真诚的感觉，而被淘汰。可见在人际交往中，目光落在何处是多么重要。在人际交往过程中，我们应该如何把握好眼神呢？

眼神主要由注视的时间、角度、部位和方式四个方面来显示。

（1）注视时间。与他人讲话时，应该有适度的眼神交流，不看对方或者一直盯着对方，都是不礼貌的行为。一般来说，听的一方通常应多注视说的一方。在适度的范围内，注视时间的长短能够表明对说话方的态度。具体来说，注视对方的时间在相处时间的1/3左右，表示友好，如平时同学之间的交谈；注视对方的时间在相处时间的2/3左右，表示重视，如请教问题、聆听报告和讣话时；注视对方的时间占相处时间不足1/3，表示胆怯或轻视，为不自信或者傲慢的表现；注视对方的时间超过相处时间的2/3，表示敌意或对对方感兴趣。在交谈过程中，目光连续接触的时间一般为1～2秒，注视时间太短，会让人感觉受到漠视；注视时间过长，会令人觉得不自在，甚至有一种被侵犯的感觉。

（2）注视角度。在人际交往中，注视对方的角度反映与交往对象关系亲疏远近。与不同的交往对象交流，注视的角度不同。注视别人的常规角度有平视、侧视、仰视。平视，也称正视，视线呈水平状态，正视对方是一种最起码的礼貌，一般适用于普通场合中与身份、地位平等的人进行交往，如同学、平辈亲属或朋友之间相处等，表达平等、自信、坦率的意思；侧视，是平视的变体，即面向对方，但是居于交往对象的一侧，如坐于教室两侧的同学上课听讲、多个朋友之间的交谈等，均使用侧视；仰视，抬眼向上注视对方，表达尊重、敬畏、期待的意思，一般用于面对尊长时，如请教问题或聆听报告等。不恰当的注视角度是失礼的，如俯视可能表示对他人的轻蔑或歧视；斜视表示怀疑、疑问的意思；扫视表示不信任或挑衅的意思。因此，在日常交往中应尽量避免使用不妥当的眼神。

（3）注视部位。在人际交往中，注视对方的部位不同，不仅表明说话者的态度不同，而且说明双方关系有所不同。在社交场合，若能巧妙地运用目光，将会改善你的个人形象以及人际关系，收到意想不到的效果。一般情况下，不注视别人的头顶、大腿、脚部和手部，对女性不宜注视其肩部以下，对男性不宜注视其腰部上下，但什么都不看的“目中无人”的行为也是不礼貌的。注视部位主要有三种：一是公务型注视，注视的位置在对方双眼与额头之间，给人以严肃、认真的感觉。适用于办理公务、洽谈业务、磋商工作及谈判等场合。二是社交型注视。注视的位置在对方嘴唇到双眼之间，给人以彬彬有礼的感觉。适用于各种社交场合，如酒会、茶会、舞会等。三是亲密型注视。注视的位置在双眼到胸部之间，给人以亲昵、关系不一般的感觉，适用于亲人、恋人之间，但是不适合运用到工作环境中。

（4）注视方式。注视方式不同也同样表明听说双方的态度。要学会在不同场合中采用不同的注视方式。一般来说，交往活动中多使用直视，表示认真、尊重，如果直视对方双眼，是对视，对视表明坦诚、落落大方，人际交往中要经常使用对视目光。对于比较关注的场合或人物，可采用凝视，即全神贯注地进行注视，表示恭敬和重视，比如聆听领导的工作指示或者长辈的教导。目不转睛地盯着别人或其某一部位，叫作盯视。盯视是非常不礼貌的，有挑衅的意味。如果交流中目光不聚焦于某处，就是虚视；不注视交流对象反而看别处，是他视。虚视和他视往往表示胆怯、害羞、走神、心不在焉等心理状态，交往中应该避免使用这样的眼神。如果是多人交际的场合，应该使用环视，即有节奏地注视不同的人员或事物。环视可以兼顾到在场的每一位成员，表示“一视同仁”，如教师讲课时与同学们的目光交流、座谈会上的目光交流，等等。

2. 笑容

笑容是一种令人感觉愉快的、既悦己又悦人的、具有正面作用的表情。它是人际交往的轻松剂和润滑剂，被称为“社交通行证”。巧妙而合理地利用笑容可以缩短人与人之间的距离，打破交际障碍，为深入沟通与交往创造条件。当然也有一些笑容是失礼失仪的。

微笑，是唇部向上移动，略呈弧形，但牙齿不外露的笑容。它是自信友好、充实满足、知心会意的表情，因此在社交场合中使用范围最广，也被称为“社交的基本表情”。

轻笑，是面容有所变化，嘴巴微微张开，上齿外露，但不发出声音。它表示欣喜愉快、亲切友好，多用于同学、朋友之间打招呼或交谈等场合。

大笑和狂笑，是面容变化幅度较大，嘴巴张开，牙齿外露，口中发出“哈哈哈”的声响，甚至手舞足蹈、前仰后合的笑容。这种笑容多见于开心时刻，尽情欢乐或者高兴万分的场合，但是在公共场合、正式场合不宜出现这样的笑容。

二、个人的体态礼仪

体态是指人们在行为过程中展现的各种姿势，主要指一个人的行为举止。日常生活中的一举手、一投足、一颦一笑都可称为举止。举止是人们在外观上可以明显被察觉到的活动、动作以及在活动和动作之中身体各部分所呈现出的姿态。在人际交往中，举止是人类无声的语言，又称第二语言或体态语言，可以反映人的思想感情以及对外界的反应，在日常生活中一定要遵守举止有度的原则，做到文明、优雅、敬人，否则就会影响个人形象。

某日，小李驾驶着爱车行驶在街道上。当他看到前方有行人准备过马路时，他秉持着对行人的尊重，主动礼让行人过马路。他毫不犹豫地放慢了车速，甚至完全停了下来，耐心等待行人安全通过。这本应是一幕温暖人心的画面，然而，一个年轻人并没有对小李的礼让表示感谢，反而冷漠地竖了一下中指。这一举动让小李惊愕不已，也让在场的许多人都感到愤慨。

从这一案例不难看出，“手部的小动作”反映出这个年轻人的无知和礼仪修养的缺失，由此可见举止得体的重要性。不雅的姿势通过一定的训练是可以纠正的。

下面具体介绍站姿、坐姿、走姿、蹲姿和手姿。

（一）站姿

站姿是指人的双腿在直立静止状态下呈现的姿势，是一种最基本的举止，也是其他姿态的基础。良好的站姿能给人一种挺拔的感觉。优美典雅的站姿，是仪态美的起点和基础，也是一个人良好气质和优雅风度的展现。

1. 基本要求

挺胸抬头，颈部挺直，下颌微收，嘴唇微闭，双目平视前方，面带微笑；双肩放松，气向下压，身体有向上的感觉，双手自然下垂于体侧，虎口向前，手指自然弯曲；两腿并拢立直，提髋，两膝和脚跟靠紧，脚尖分开呈“V”形，身体重量平均分布在两条腿上。在基本站姿的基础上，女性要求优美，要并拢双腿，脚呈“V”形或丁字步；双手自然下垂或叠放在腹前；男性要求稳健，可以分开双腿，但不超过一脚宽，双手自然下垂，手指自然弯曲，中指贴裤缝。

2. 站姿的种类

站姿可以分为垂手式、握手式、背手式、单臂下垂式。姿势不同，传达出的信息也各有不同，适用的场合也有很大差异。

（1）垂手式。垂手式是男女通用的站立姿势。身体直立，双手垂于身体两侧，双腿自然并拢，男士也可以双脚分开，但要小于双肩的宽度（见图 1 - 1）。垂手式适用于庄严隆重的场合。

（2）握手式。女士身体直立，两腿并拢，右手搭在左手上，或左手搭在右手上，贴于腹部（见图 1 - 2）；男士左脚向左横跨一步，两手握指于腹前，身体挺立。这种站姿多适用于服务场合。

图 1 - 1

图 1 - 2

（3）背手式。双手在背后交叉，右手搭在左手上，或左手搭在右手上，贴于臀部站立（见图1－3）。女士也可以将双脚站成“丁”字形。

（4）单臂下垂式。一只手放在胸前，另一只手自然下垂（见图1－4），男士多用这种站姿，显得大方、自然、洒脱。

以上站姿给人以挺拔、舒展、庄重大方、信心十足、积极向上的印象；反之，则为失礼、不雅的姿态。

图1－3

图1－4

3. 站姿的禁忌

为了展现良好的精神风貌和个人素养，站立时要注意避免出现如下几种情况：

一忌体位不正。站立时全身不够端正，如头歪、肩斜、臂曲、胸凹、背弓、臀撅等，或身体倚靠物体、东倒西歪，不仅破坏人体线条的优美，而且还会给人以消沉颓废、萎靡不振、自由放纵的感觉，有损个人形象。

二忌浑身乱动。长时间站立，身体可以稍做体位变动，但不可过于频繁，双脚随意抖动、用脚尖乱点乱画、踢来踢去、手臂挥来挥去、浑身上下乱动不止的情况更要避免。

三忌双腿叉开过大。无论何种站姿，站立时双腿分开的幅度应越小越好。在可能的情况下，双腿并拢最好。即使分开，双腿的距离也不可超过肩部的宽度，切勿在他人面前双腿叉开过大，女士尤其应当谨记。

四忌双手插入口袋。站立时一般双手自然下垂，不要插入口袋，避免表现出一种傲慢的姿态。

（二）坐姿

坐姿是一种静态的姿势，同样有优雅和粗俗之分，端庄优雅的坐姿也能表现出一个人的美感。正确的坐姿应该兼顾角度、深浅、舒展三个方面的问题。坐姿的重点是坐定后的姿势，但过程也不容忽视。

1. 基本要求

落座时，要轻而稳，走到座位前，转身后，轻稳地坐下。女士入座时，若是着裙装，应用手将裙摆稍稍拢一下，不要坐下后再站起来整理衣服。如果多人一起落座，那么就要讲究顺序，一般来说遵循先长后幼、先尊后卑，同学同辈同时就座。如果条件允许，最好从左侧入座，也从左侧离座。

落座后，要上身挺立，面带笑容，双目平视，嘴唇微闭，微收下颌。双肩平正放松，两臂自然弯曲放在腿上，也可放在椅子或沙发扶手上。双腿要紧靠在一起，坐在椅子的 2/3 处，脊背轻靠椅背。如果是坐在尊长面前，一般不要把椅子坐满，要坐在椅子的前部，通常只能坐椅子的 1/2 甚至 1/3，上身应该前倾。男女之间略有差异，男士双腿并拢或微微分开，双手放在两侧扶手上，也可放在膝盖上；女士双腿并拢或者可斜向一侧，双手放在一侧扶手上或放在腿上靠近上身的地方。非正式场合双腿可叠放，但是对面坐着别人时不宜跷起二郎腿，在尊长面前陪坐，不要把上身往后仰着坐在椅子上，这些都是傲慢、懈怠的表现。

离座时，右脚向后收半步而后起立，要利索平稳，不得干扰别人，不得推动桌椅，也最好不要发出声响。

2. 坐姿的种类

男士的坐姿相对简单，女士需根据穿着的服饰和所处场合来变换坐姿（见图 1－5）。

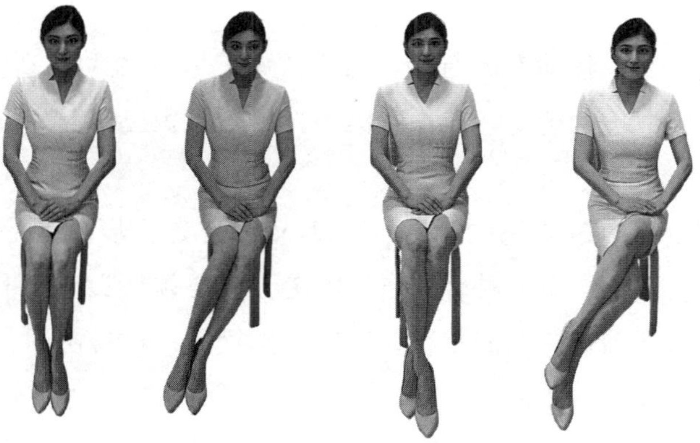

图 1－5

坐姿的具体展现如下：

（1）正坐式。头正，肩平，上身挺直，双腿并拢，大腿与小腿大致成直角。男士双腿略分开，分开距离小于双肩，女士双膝并拢；男士两手分别放在双膝上，女士两手相握放于一侧大腿上。

（2）侧坐式。这是一种女士坐姿。头正，肩平，上身挺直，两腿并拢，双脚同时斜放于一侧，两手相握，放于左腿或右腿上。

（3）交叠式。这也是一种女士坐姿，是最轻盈秀气的一种坐姿。头正，肩平，上身挺直，两腿并拢，两脚交叠，放于一侧，两手相握，放于左腿或右腿上。

3. 坐姿的禁忌

一忌头部仰靠。眼睛不可注视地面，也不可左顾右盼、闭目养神、摇头晃脑。上身不可前倾、后仰，不可歪向一侧，或趴伏在桌子上。

二忌手部乱放。双手不可抱住膝盖，也不可抱于脑后，更不能压在腿下或插入双腿中间。前者会显得倦怠或傲慢，后者则显得拘谨而小气。

三忌腿部不雅。不要将双腿直伸出去，不要叉开过大，不要将双腿架在高处，不要反复摇晃、抖动双腿，不可坐成“4”字腿或“X”字腿。不要将脚抬得过高，使对方看到鞋底；不要以脚尖指向他人；不要蹬踏他物；更不要用脚自脱鞋袜，或用手摸脚。

有一位华侨，到国内洽谈合资业务。经过几次洽谈之后，他对朋友说：“这将是我最后一次洽谈了，我会跟他们的最高领导谈，谈得好，就可以拍板。”过了两个星期，朋友问他：“谈成了吗?”他说：“没谈成。”朋友问其原因，他回答：“对方很有诚意，准备得也很好，就是跟我谈判的这个领导坐在我对面，不时地抖着他的双腿，我实在难以忍受。”

坐姿的禁忌之一就是不停地抖腿。抖腿这个小小的动作，显得非常随意、不专注，显然是对交往对方的不尊重，会影响自我形象，需要多加注意。

（三）走姿

即行走的姿势，是一种动态的行为，每个人都是一个流动的造型体，优雅、稳健、敏捷的走姿，会给人以美的感受，产生感染力，反映出积极向上的精神状态。

1. 基本要求

行走是我们在生活中最常见的动作。走姿又称行姿、步态。走姿要求“行如风”，即人行走时，如风行水上，有一种轻快自然的美。其要领是头正肩平，挺胸收腹，立腰直背；步幅适中，直线前进，双肩平稳，双臂自然摆动；全身协调，匀速前进。行走中要注意自己的步幅、步位和步韵。

步幅，是指行走时两脚之间的距离。一般标准是前脚脚跟与后脚脚尖的距离约等于自己的脚长。步幅的大小跟服饰与鞋有一定的关系。男士穿西装时，行走的步幅可以略微大些，以体现出挺拔、优雅的风度；女士穿旗袍和高跟鞋时，步幅应小些，否则显得不够文雅；女士穿长裙行走时步幅可以稍微大些，显得飘逸、大方。

步位，就是脚落地时的位置。一般情况下，男士在行走过程中双脚双腿成两条平行线，中间距离不超过一脚宽；而女士在行走过程中双脚内侧呈一条线，双腿收紧，臀部自然摇摆。

步韵，是指行走时的韵律。有的步伐矫健、轻松灵活，令人精神振奋；有的步伐稳健、端庄、大方，给人以沉着、庄重之感；有的步伐铿锵有力，给人以英武、勇敢的印象；有的步伐轻盈、敏捷，给人以欢愉、柔和之感（见图 1－6）。

几种特殊情况下的走姿：上下楼梯时，行走尽量保持身体直立，上身平稳；与同行的人交谈时，上身宜转向交谈对象，距离对方较远一侧的肩部稍前，距离对方较近一侧的肩部稍后，身体与对方保持一定的距离；与他人对面相逢时，两肩一前一后，胸部转向对方；后退时，一般先面向他人至少后退三步再转身，然后转头离开。

图 1－6

2. 走姿的禁忌

一忌抢道而行。行进时，要方便和照顾他人，在人多路窄的地方务必讲究“先来后到”，对他人礼让三分。

二忌声响过大。走路时用力过猛、声响太大，会妨碍他人。

三忌步态不雅。行路时弯腰驼背、低头无神、步履蹒跚，给人以倦怠、老态龙钟的感觉；晃着“八字步”，也会给人散漫、吊儿郎当的感觉。

四忌走路时身体松垮，无精打采，或摆手过快，幅度过大或过小。

（四）蹲姿

蹲姿不像站姿、坐姿那样使用频繁，一般在捡物品、系鞋带、帮助别人或其他特殊情况下使用。

1. 基本要求

抬头挺胸，再慢慢地将腰部放下，两腿合力支撑身体，掌握好身体的重心，臀部向下，蹲下的时候要保持上身的挺拔，表情自然。

2. 蹲姿的种类

穿着不同服装，或者根据不同需求，可采用不同的蹲姿，如图 1－7 所示。

图 1－7

蹲姿的具体展现如下：

（1）高低式。这是采用最多的一种蹲姿，特点是双膝一高一低。以左脚在前为例，基本要求是下蹲时左脚在前，小腿基本垂直于地面；右脚靠后，脚掌着地，脚跟提起，右膝低于左膝，右膝内侧可靠于左小腿的内侧，形成左小腿高、右小腿低的态势；臀部向下，基本上以右腿支撑身体。这种蹲姿男女都适用，但女士在使用时双膝要尽量并紧，男士可开可合。

（2）双腿交叉式。即下蹲时双腿交叉在一起。其要领是下蹲时右脚在前、左脚在后，右小腿基本垂直于地面，全脚着地，左腿在后与右腿交叉重叠，左膝由后面伸向右侧，左脚跟抬起，脚掌着地，两腿靠紧，臀部向下，上身稍前倾。这种蹲姿造型优美典雅，通常适用于女士，尤其是穿短裙的女士。

（3）单膝点地式。即下蹲后一腿弯曲，全脚着地，小腿与地面垂直；另一腿膝盖着地，脚尖着地，后脚提起，臀部在这条腿上借力，双腿尽力靠拢并紧。这种蹲姿男女都适用，尤其是适合于蹲立时间较长的场合。

3. 蹲姿的禁忌

一忌面对他人或背对他人下蹲。

二忌弯腰低头。应单腿弯曲下蹲，不要整个人弯腰低头。

三忌臀部后撅。如果翘起臀部，上身前倒，上衣的胸口或腰部会暴露。

四忌洗手间式，即下蹲时双腿平行分开蹲下。

（五）手姿

手姿，也叫手势，是通过手和手指的活动传递信息。手姿运用得自然、大方、得体，既能展示良好的个人形象，又能表达丰富的感情。但手姿使用不可以过多，否则会给人一种手舞足蹈的感觉。

1. 手姿的种类

（1）垂放式。双手自然下垂于身体两侧，掌心向内，贴于大腿外侧。

（2）后放式。双手相握，放于身后。后放式手姿给人一种权威感。

（3）鼓掌式。这是一种用来表示欢迎、祝贺、支持的手姿。有两种做法：一是双手掌心相对而击，适用于演出或比赛；二是以右手击向左手，适用于会议或迎候嘉宾。

（4）指引式。五指并拢，掌心向上，以肘部为轴，朝一定方向伸出手，左手或右手均可，如图 1－8 所示。

图 1－8

（5）夸奖式。伸出右手，竖起大拇指，指尖向上，朝向对方。

另外，与人交往中，尤其是与长者、尊者和陌生人递接物品时，多使用双手递接。

持物时动作应自然，五指并拢，用力均匀。不应翘起兰花指，给人以矫揉造作之感。

2. 手姿的禁忌

使用手姿要准确，要使对方能够明确完整地理解自己的用意，否则容易产生误会。

在使用手姿时注意避免以下几种情况：

（1）易于误解的手姿。由于文化背景不同，同一种手姿，可能被赋予不同的含义。如“OK”手势等。

（2）不卫生的手姿。如搔头皮、掏耳朵、抠鼻孔、剔牙齿、摸脚丫等。

（3）不稳重的手姿。在公众面前，双手乱摸、乱放、咬指甲、翘兰花指、折衣角、抱脑袋、抱腿等。

（4）失敬于人的手姿。如用食指指人、用手指叫人等。

案例分析

领导仪态关系企业形象

在某知名跨国公司的年度产品发布会上，作为公司市场部经理的李先生负责向客户和媒体介绍新产品。发布会现场座无虚席，各大媒体也应邀在列。

发布会开始，李先生步履匆匆走向讲台。他往讲台前随意一站，便开始发言。在发言时，他不时地晃动身体，给人站不稳的感觉。在介绍产品时，他双手插在口袋里。因为没有使用手势来辅助说明，他的演讲显得较为单调。当回答媒体提问时，他没有使用敬语和礼貌用词。在别人发言时还几次打断对方，表达自己的观点。

发布会结束后，虽然产品的创新性和市场前景得到了认可，但李先生的仪态礼仪问题却成为人们的谈资，甚至有人质疑他的专业素养和公司的整体形象。

从该案例我们可以看出，仪态礼仪在商务活动中具有重要意义。一个注意仪态礼仪的人，不仅能展现自己的专业素养，还能赢得他人的尊重和信任。相反则可能会导致尴尬的局面，甚至影响企业的形象和合作机会。

李先生上台时步履匆匆，没有按照礼仪要求稳步走向讲台，给人感觉不够从容自信。在讲台上，他没有立即调整好站立姿势，而是直接开始发言，这进一步加剧了他的不稳重形象。在演讲过程中，手势是一种非常重要的辅助表达工具，不能把双手插在口袋里。跟别人交流时不使用敬语或礼貌用语，并且随意打断别人的话，是不尊重对方的表现。作为公司的市场部经理，李先生代表着公司的形象。他的仪态礼仪问题不仅影响了他个人的形象，也损害了公司的整体形象。

针对以上问题，李先生应该加强日常仪态礼仪的学习和训练。在日常工作中，多注意自己的言行，时刻保持良好的形象和气质。同时，公司也要加强对员工仪态礼仪的培训和管理，从而提升公司整体形象和竞争力。

思考与练习

1. 班级同学在老师指导下分组练习站姿、坐姿、走姿、蹲姿，每个小组分别表演，其他小组同学注意观察，指出其不符合礼仪之处。

2. 平时注意观察老师讲课及同学上台发言时的举止，指出其讲话时不自觉出现的一些影响个人形象的手姿，以帮助其改正。

3. 情景分析题：

良好素养是成功的基石

李明是一家公司的业务人员。有一天，他与一位重要客户约定在一家高档酒店的会议室进行商务洽谈。为了展示公司的专业形象和自己的良好素养，他特意打扮了一番，穿着一身得体的西装，佩戴一条精致的领带，脚踏一双锃亮的皮鞋，随身带了一个装有相关资料的公文包。

客户来了，李明热情地迎接客户，双方礼貌地交换了名片。在交谈过程中，李明始终保持微笑，态度诚恳。他注意倾听客户的诉求，不时地做些笔记，表示对客户的尊重。当客户提出疑问时，他耐心地解答，展示着公司的实力和优势。在洽谈过程中，他的举止得体，彰显出良好的修养。

会议进行得非常顺利，客户对李明的专业素养和公司实力表示认可。在洽谈结束时，李明主动起身，表示要送客户下楼。在电梯里，他再次向客户表示感谢，并邀请客户下次到公司参观。客户愉快地答应了，并表示期待与李明再次见面。

根据上述情景，请思考以下两个问题：

1. 李明的哪些举止表现出了他的专业素养和良好修养？

2. 如果你是李明，你认为在商务洽谈中还有哪些细节需要注意？

请结合案例谈谈你的看法。

即测即评

扫一扫　练一练

第二讲　服饰礼仪

古今中外，着装都体现着一种社会文化，体现着一个人的文化修养和审美情趣，是一个人身份、气质、内在素质的无言的介绍信。一个人的穿着打扮就是他教养、品位、地位的真实写照，人们通过着装可以判断一个人格调、情商的高低。从某种意义上说，服饰是一门艺术，服饰所能传达的情感与意蕴甚至是语言所不能替代的。

一、着装的基本原则

随着时代的发展，服装的装饰性越来越强，整洁端庄、雅致和谐的服饰可以表现人的自尊和对他人的尊敬，相反，邋遢不洁的着装则是一种不礼貌的行为，着装应该是自尊与尊重他人的基本礼仪。在着装时要遵循如下基本原则。

（一）文明性原则

服装被视为“人的第二肌肤”，其遮风挡雨、掩体遮羞的实用功能，即为服装的自然功能；其扬长避短、美化人体、展示个性、反映精神面貌、体现生活情趣等装饰性功能，即为服装的美化功能；其反映人的地位、身份差异等社会性功能，即为服装的社会功能。而整洁、美观、得体是着装的基本原则。整洁、美观、得体的服饰是人们用以改变或烘托自己的最好也是最文明的方式，因此，着装中我们首先要遵循文明性原则。

（二）适体性原则

正如世界上的每一片树叶都不完全相同一样，每个人都具有自己的个性。在着装时，既要认同共性，又绝对不能因此而失去自己的个性。一个人的自身条件主要指年龄、体型和职业等，着装要有自己的风格，不能盲目随大流、赶时髦，随波逐流，使自己的着装毫无特色可言。具体原则如下：

（1）量体裁衣。服装选择要考虑到自己的身材特点，扬长避短。一般来说，体胖者适宜穿着深色衣服，使人显瘦；体瘦者适宜穿着浅色或者暖色，这些属于扩张色，使人显得丰腴一点；高挑者以上下身对比色调为宜；矮小者以上下身色彩接近为宜；肤色较暗，适宜穿浅色服装以增加明快感；腿部粗短的女生不宜穿超短裙，腿形不好的女生不宜穿长筒靴子。

（2）适应年龄。服装选择应依年龄而异，不同年龄的人的穿着要求不同。年轻人穿衣宜明快、活泼、轻松和随意，特别是年轻女性的服装应款式新颖，符合潮流，展现出年轻人朝气蓬勃之美；中年人的服装则适宜转为低调色系，款式也应以经典为主，给人以成熟、稳重之感。

（3）合乎身份。服装选择要跟职业挂钩，科教工作者的服装应庄重、雅致，不可打扮得过于妖艳，款式不宜过于怪异；商界及企业主管的服装力求干练、稳重，少有装饰，给人以谨慎、可靠之感；从事法律和外事工作的人员，穿着服装切忌花哨、过于艳丽，给人以不稳重的感觉；文艺工作者，则可以时尚、浪漫、个性一些。

（三）协调性原则

正确的着装，应当基于统筹的考虑和精心的搭配，要使服装各个部分相互适应，局部服从于整体，力求整体之美、全局之美。各个部分不仅要“自成一体”，而且要相互呼应、配合，在整体上尽可能地显得完美、和谐。若是着装的各个部分之间缺乏联系、“各自为政”，哪怕再完美也毫无意义。具体来说，要注意以下几个方面：

（1）款式协调。为了达到服装的整体效果，服装穿着风格应一致。例如不宜将牛仔裤与西装上衣搭在一起，不宜将西装与旅游鞋搭在一起，不宜将职业套裙与休闲鞋搭在一起，等等。

（2）面料协调。面料不仅诠释着服装的风格和特性，而且直接影响着装的色彩和造型的效果。一般来说，优质高档的服装面料，大都舒适、透气、挺括，视觉柔和，手感好。所以挺括的毛料西装不宜与易皱的棉布裤子搭配，柔软宽松的运动服不宜与正式的皮鞋配穿，等等。

（3）色彩协调。色彩搭配是着装成功的重要因素，遵循的基本原则是三色原则。所谓三色原则，是指选择正规服饰（正装、商务休闲）时色彩搭配的基本原则，要求全身正装的颜色在总体上应当以少为宜，最好将其控制在三种色彩之内，而且以一种颜色为主色调，颜色太多显得乱而无序、不协调。这样做有助于保持正装庄重、保守的总体风格，并使正装在色彩上显得规范、简洁、和谐。正装的色彩若超出三种，一般会给人以繁杂、低俗之感。基本色彩一般以单色、深色为主，标准的职业套装的色彩一般是黑色、蓝色、灰色、棕色等，避免多色或出现艳色。

个人要根据不同需要进行选择和搭配。不同的色彩具有不同的象征意义，会给人不同的感受。深色或冷色调的服装会让人产生视觉上的收缩感，显得庄重严肃。例如，黑色象征沉稳、庄重、冷漠，富有神秘感；蓝色象征深远、沉静、安详、清爽、自信而幽远；紫色象征高傲、神秘。浅色或暖色调的服装会有扩张感，使人显得轻松活泼。暖色调的服装中，红色象征热烈、活泼、兴奋，富有激情；黄色象征明快、鼓舞、希望、富有朝气；橙色象征开朗、欣喜、活跃。中间色的服装中，黄绿色象征安详、活泼、幼嫩；紫红色象征明艳、夺目。过渡色的服装中，粉红色象征活泼、年轻、明丽而娇美；

淡绿色象征生命、鲜嫩、愉快、青春。为了形成整体效果，就必须强调色彩方面的搭配。搭配色彩有多种方法，可采用统一法，即同一色系中的深浅色彩搭配，适合庄重的场合或工作场合；可采用对比法，即冷暖搭配、明暗搭配，以求静中有动，突出个性，此法适用范围极广；可采用呼应法，即在某些相关部位刻意选择同色，以求遥相呼应，产生美感；可采用点缀法，即在某个局部部位加以点缀美化，以求统一中的变化。

着装配色还要注意根据个人的肤色、年龄、体型进行搭配。例如，肤色黑的人不宜穿着颜色过深或过浅的服装，而应选择与肤色对比不明显的粉红色、蓝绿色，最忌用色泽明亮的黄橙色或色泽极暗的褐色、黑紫色等；皮肤发黄的人，不宜选用半黄色、土黄色、灰色的服装，否则会显得精神不振或无精打采；脸色苍白的人不宜穿着绿色服装，否则会使脸色更显病态；肤色红润、粉白的人，穿绿色服装效果会很好；白色衣服对于任何肤色效果都不错，因为白色的反光会使人显得神采奕奕；体型瘦小的人适合穿色彩亮度高的浅色服装，这样显得丰满一些；体型肥胖的人用亮度低的深颜色则显得苗条；等等。大多数人的体型、肤色属中间混合型，所以颜色搭配没有绝对的原则，重要的是在着装实践中找到最适合自己的搭配颜色。

（4）点缀得当。得体的穿着，不仅可以显得更加美丽，还可以体现一个现代人良好的修养和独到的品位。除了主体服装之外，其他配件也要多加考虑。巧妙地佩戴饰品能够起到画龙点睛的作用。佩戴饰品时应尽量选择同一色系、同一质地，还要与整体服饰搭配统一起来。例如，着正装时一般佩戴金银制品，着休闲装时一般佩戴玉石、水晶及贝类饰品。佩戴饰品过多和杂乱，会分散对方的注意力，影响整体形象。再如，女士着裙装一定要穿上长筒丝袜，袜子的选择以透明近似肤色或与服装颜色协调为好，不宜穿带有大花纹的袜子。

（四）TPO 原则

在社交场合，得体的服饰是一种礼貌，在一定程度上影响着人际关系的和谐和沟通效果。TPO 原则是世界通行的着装基本原则，即在不同的时间、地点、场合，穿着符合身份的得体服装。TPO 是英文 Time（时间）、Place（地点、场合、职位）、Object（目的、对象）三个词首字母的缩写。TPO 原则要求人们的服饰以和谐为美，着装要与时间、季节相吻合，符合时令；要与所处场合环境，及所处国家、区域、民族的习俗相吻合；符合着装人的身份；要根据不同的交往目的、交往对象选择服饰，从而给人留下良好的印象。

1. 时间

包括时间、季节、时令、时代。一般来说，白天工作时间着装应遵循端庄、整洁、稳重、美观、和谐的原则，给人以愉悦感和庄重感，应穿着正式套装，以体现专业性。男士有一套质地上乘的深色西装就足以“打天下”，而女士的着装则要随着时间变换，色彩、面料、款式可能都要发生变化。晚上参加晚会或酒会，女士更要多加一些修饰，如佩戴有光泽的首饰，系一条漂亮的丝巾等，服饰也可明亮些、艳丽些。白天上班的衣服要适合活动，要合身，晚上居家的衣服要宽大、随意，适合放松身心。节假日等休闲时间，着装应随意、轻便。春夏秋冬四季变换，每个季节都要穿相应的衣服，如冬天衣服要保暖，夏天衣服要透气、吸汗。

2. 场合

在具体选择服装的款式时，应当注意区分自己所处的具体场合，按照礼仪规定和惯例，选择不同款式的服装。如穿泳装出现在泳池、浴场和出现在大街、超市的效果完全不同；穿着西装参加会议、出入社交场合是适宜的，但是去参加朋友聚会、休闲郊游就显得不伦不类。从总体上来说，可把场合划分为公务、社交、休闲三大类。在这三类不同的场合，着装的款式应各有不同。原则上讲，公务场合、社交场合属于正式场合，总的要求是正规、讲究；休闲场合则属于非正式场合，总的要求是随意、自便。

公务场合，是指人们置身于工作地点、用于上班的时间。公务场合对于服装款式的基本要求是庄重、保守、传统。符合这一要求，适用于公务场合的服装款式为制服、套装、套裙、工作服等。现在越来越多的组织、企业、机关、学校开始重视统一着装，服装成为一个组织、单位的标志和象征，这不仅给着装者一份自豪，同时又多了一份自觉和约束。

社交场合，是指人们置身于交际地点，在上班之外，在公共场合与熟人交往、共处的时间。从这个意义上来说，聚会、拜访、宴请、舞会、音乐会等，都是典型的社交场合。社交场合对于服装款式的基本要求是典雅、时尚、个性。符合这一要求，适用于社交场合的服装款式有时装、礼服、民族服装以及个人缝制的个性化服装等。不适合在社交场合穿着的服装款式则有制服、工作服、牛仔装、运动装、沙滩装、家居装等。

休闲场合，是指人们置身于闲暇地点，在公务、社交之外，一人独处，或是在公共场合与不相识者共处的时间。居家、旅游、娱乐、逛街等都属于休闲活动。休闲场合对于服装款式的要求是舒适、方便、自然。符合这一要求，适用于休闲场合的服装款式为家居装、牛仔裤、沙滩装等；不适合在休闲场合穿着的服装款式则是制服、套裙、套装、工作服、礼服、时装等。

3. 目的

着装要符合自己的社会角色，服装的款式在表现目的性方面发挥着一定的作用。如果你要去应聘、参加演讲辩论，那么穿着款式庄重的服装表明你非常重视，而穿着暴露、随意的服装则表现得不稳重、不得体。在自己家里接待客人，可以穿着舒适的休闲服；如果是去公司或单位拜访，穿职业套装会显得专业；外出时要顾及当地的传统和风俗习惯，如果去教堂或寺庙等场所，就不能穿过于暴露的服装。家庭生活中，着休闲装、便装有助于营造轻松、愉悦、温馨的氛围，但不宜穿着睡衣、拖鞋到大街上去购物或散步。

二、服装的类型

根据服装的不同风格以及使用的不同场合，可以把服装分为四种类型，即礼服、正装、休闲装和家居服。

（一）礼服

礼服是指在某些重大场合，参与者所穿着的庄重且正式的服装。

1. 女士礼服

女士礼服可以分为大礼服（见图 2－1）和小礼服（图 2－2）。

图 2－1

图 2－2

女士大礼服，又称晚礼服，裙长及脚背，面料追求飘逸和悬垂感。晚礼服风格各异，西式长礼服呈现女性风韵；中式晚礼服高贵典雅，塑造特有的东方风韵；还有中西合璧的时尚新款。与晚礼服搭配的服饰适宜选择典雅华贵、夸张的造型，凸显女性特点。女士小礼服是在晚间或日间的鸡尾酒会、正式聚会、仪式、典礼上穿着的礼仪服装。裙长在膝盖上下 5 厘米，适宜年轻女性穿着。与小礼服搭配的服饰适宜选择简洁、流畅的款式，着重呼应服装所表现的风格。

2. 男士礼服

男士礼服的种类有燕尾服、平口式礼服、晨礼服、西装礼服。

燕尾服是男士最常见的礼服。后摆拉长，可展现出修长的双腿，并有收缩腰身的效果。燕尾服是正式礼服的一种，除了要配背心以外，也可以搭配胸巾和领巾，以增加正式感。平口式礼服，人称王子式礼服，单排扣和双排扣都可以，不如燕尾服与晨礼服那样正式，可用于婚宴派对。平口式礼服的裁剪设计类似于西装，适合较为高瘦的男士穿着。平口礼服的正式穿法是外套、衬衣、长裤，搭配领结、腰封。晨礼服，又称英国绅士礼服，是最为正式的一种，特色是外套剪裁为优雅的流线型，充满了贵族感，因此，较适合有书卷气或整体形象不错的男士穿着。晨礼服的正式穿法为外套、衬衣、长裤，搭配背心、领结。普通西装并不能应用于正式场合，尤其是在自己的婚礼上，穿礼服才够隆重。如果将西服的戗驳领用缎面制成，成为西装礼服，再配领结和腰封（或者背心)，衬衣选择胸前打褶皱设计的礼服衬衣，也是可以出席隆重场合的。西装礼服也可以说是一种现代的改良礼服。

(二) 正装

所谓正装，是指适用于严肃场合的正式服装。正装就是正式场合的装束，而非娱乐和居家环境的装束，如西服、中山装、民族服装等。男士的正装穿着十分讲究。在西方国家，正装包括西装、燕尾礼服；在中国，正装以西装为主，有时也可以穿着中山装、夹克衫等。最常见的男士正装是我们常常在白领身上看到的“衬衫＋西服＋领带＋皮带＋西裤＋皮鞋”(见图2-3)，实际上，在夏天只穿着衬衫和西裤也是正装的体现，立领的中山装样式的西服也属于正装范畴。西装的穿着讲究场合，因为相应的氛围能够表现出西装庄重的特点。女士正装包括套裙、套装(见图2-4)、连衣裙等。女士的正装限制没有那么多，一般来说不透、不露、不短，有领有袖，色彩不过于鲜艳即可。

图2-3

图2-4

(三) 休闲装

休闲装，俗称便装，是人们在无拘无束、自由自在的休闲生活中穿着的服装，展示简洁自然的风貌。日常穿着的便装、运动装、家居装，或把正装稍做改进的“休闲风格的时装”，总之，凡有别于严谨、庄重服装的，都可称为休闲装(见图2-5)。由于现代人生活节奏的加快和工作压力的增大，人们在业余时间更加追求一种放松、悠闲的心境，反映在服饰观念上，表现为越来越超越习俗，不愿受潮流的约束，而寻求一种舒适、自然的新型休闲装。因此，休闲服装便以不可阻挡之势进入正规服装的“世袭领地”(一些重大、正规的社交场合除外)，越来越成为现代都市生活的主要着装。由于休闲装内涵丰富，已被演绎成诸多风格、种类的日常装。青春风格

图2-5

的休闲装，通常设计新颖、造型简洁，塑造强烈的个性；典雅型休闲装，追求绅士般的悠闲生活情趣，服饰轻松、高雅，富有情趣；运动类休闲装，是指作为休闲装的运动装以及经过改良的运动装，其中蕴含着人类对运动和自身价值的新观念；牛仔类休闲装更是20世纪的奇迹，美国西部的工人装竟然成为今天世界上的流行装，而且追求洗旧感、二手感，成为休闲装中的主力之一。此外，针织休闲装也越来越成为人们日常生活中必不可少的便装。

（四）家居服

家居服，指在家中及其周边范围内起居、劳作、休闲、运动时的着装，包括卧房休息、厅堂会客、庭院劳作、会所运动、社区活动时所着的服装（见图2-6）。随着家文化的日益深入人心，这一服装门类可以让人感受到家庭内的流行时尚与亲情时光，享受家文化的精神世界。家居服是一种生活方式的载体，一种温馨、时尚、轻松、舒适加文化的象征，承载着人们对高品质家居生活的追求。

图2-6

家居服具有以下几个特点：一是具有亲肤感的面料。出于穿着时特有的家居氛围，家居服在设计时多采用纯棉面料、真丝面料，因为这两种面料都具有亲肤感。二是宽松随意的款式。回到家的感觉应该是轻松、舒适的，因而家居服的款式一般都是比较宽松、随意的。常见的家居服一般分为裙装和裤装。裙装多是吊带裙，有连身的，也有分身的，或者半袖的连身直筒裙，现在的裙装款式更是多种多样。裤装的上身多是各种形式的短袖或是长袖套头衫，下身配以短裤、九分裤、宽脚裤等。三是浓淡相宜的色彩。家居服的色彩运用大体上是两个色调，即深色调和浅色调。深色调中深红色、灰色、蓝色用得比较多，浅色调以白色、浅粉色为主。色彩的选择也是为了让人更加轻松、舒适。四是不拘一格的图案。家居服像是一块随意勾勒的画布，图案五花八门，最常见的是小花朵、小动物图案，还有各种几何图案、心形图案，各种动画片中的卡通人物图案，等等。现在还有更多极富个性的抽象图案。

三、男士正装的着装礼仪

正装就是正式场合的装束，适用于严肃的场合而非娱乐和居家环境，如西装、中山装、民族服装等。最常见的男士正装为西装和中山装；女士正装为西装套裙（裤）、晚装礼服和具有民族特色的旗袍。西装又称为西服，起源于欧洲，有300多年的历史，清朝晚期传入我国。现在西装已成为一种国际性的服装，是在正式场合着装的优先选择。西装以其设计造型美观、做工讲究、典雅高贵、线条简洁流畅、立体感强及适应性广泛等特点受到人们的青睐，成为世界性通用的服装，可谓男女老少皆宜。西装穿在男士身上，能体现男士的潇洒风度；穿在女士身上，能体现女士的优雅端庄。目前，西装已经成为世界通行的最重要的正装，下面的着装礼仪就以西装为主。

（一）西装的选择

在正式场合中所穿的西装，必须是西装套装。通常男士西装套装有两件套与三件套之分：两件套包括一衣和一裤；三件套则包括一衣、一裤和西装背心。传统礼仪认为，三件套比两件套更加正规一些。所以商界男士在参与高层次的商务活动时，以穿三件套的西装套装为好。有时，男士在商务交往中所穿的西装套装也被人们称作商务套装。挑选西装套装时应该考虑面料、色彩、款式三方面的要素。

（1）面料：西装作为正装或礼服，其面料的选择应力求高档。一般情况下，毛料应为西装首选的面料。具体而言，纯毛、纯羊绒的面料以及高比例含毛的毛涤混纺面料，皆可用作西装的面料。这种面料制作的西装，大都舒适合身，又不会给人以束缚挤压之感，显得雅观、挺拔。

（2）色彩：西装以深色为主，其中深蓝色和黑色最为正式。西装的色彩必须显得庄重、正统，不能轻浮和随便。藏蓝色和黑色的西装往往是各国政界、商界男士的首选。除此之外，还可以选择灰色或棕色的西装。

（3）款式：西装最经典的款式是单排两粒扣的，这种款式的上衣显得更为正统，时下流行的还有单排三粒扣的。双排纽扣的西装上衣，最常见的有两粒纽扣、四粒纽扣、六粒纽扣三种。两粒纽扣、六粒纽扣的属于流行的款式，而四粒纽扣的则具有明显的传统风格。

（二）西装的着装规范

虽然西装成了大家的常用服饰，人们出席正式场合以及一些重要约会的时候都会穿上西装，可是仍然有人对西装的礼仪不甚了解，往往因为没有注意一些穿着细节而闹笑话。

小文大学毕业后进入一家公司，被分配到销售部做产品推销工作。小文早就听说过公司职员的个人形象在业务交往中很重要，因此他第一次外出推销产品时，便穿上刚买的深色西装、黑色皮鞋和白色袜子，以显示自己的干净整洁。可他虽跑了不少地方，与接待人员一见面，对方往往朝他打量几眼，便把他支走了。后来，经过旁人指点，小李才知道自己当时屡屡被拒之门外的原因竟然是穿着不够专业。

上例中，小文因一双不“配套”的白袜子，不但毁了个人形象，也影响了他的工作。可见，服饰礼仪不容小觑。西装的着装礼仪包括以下几个方面。

1. 外套的穿着规范

（1）拆除外标。西装上衣左边袖子上的袖口处，通常会缝有一块商标，有时，那里还同时缝有一块纯羊毛标志。在穿西装之前，切勿忘记将它们拆除。

（2）熨烫平整。要使一套穿在自己身上的西装看上去美观大方，首先就要使它平整挺括、线条笔直。要做到此点，除了要定期对西装进行干洗外，还要在每次穿着之前，认真地熨烫。

（3）扣好纽扣。西装有单排扣和双排扣之分，双排扣西装一般要求把扣子全部扣好。单排两粒扣西装，讲究“扣上不扣下”，即只扣上边那粒纽扣，或是全部不扣。一般而言，站立时，特别是在大庭广众之下起身后，西装上衣的纽扣应当扣上，以示郑重其事。就座之后，西装上衣的纽扣大多要解开，以防止其“扭曲”走样。单排三粒扣西装的正确穿法有两种：要么只系中间那粒纽扣，要么系上面那两粒纽扣。

（4）不卷不挽。穿西装时，一定要悉心呵护其原状。在公共场合，不要当众随心所欲地脱下西装上衣，更不能把它当披风一样披在肩上。无论如何都不可以将西装上衣的衣袖挽上去，否则，会给人以粗俗之感。一般情况下，随意卷起西裤裤腿，也是一种不符合礼仪的表现。

图 2-7

图 2-7 所示为西装外套穿着示范。

2. 衬衫的穿着规范

与西装相搭配的衬衫，应当是正装衬衫。正装衬衫以高支精纺的纯棉、纯毛制品为主，以棉、毛为主要成分的混纺衬衫，也可酌情选择。在正规的商务应酬中，正装衬衫必须为单一色彩，白色衬衫是商界男士的首要选择。穿着西装应该配白色衬衫或与西装最相配的素色衬衫，忌穿图案、色彩复杂的衬衫。

衬衫衣领要高出西装外套 1.5 厘米左右；衣领衣袖要卫生，最好做到一天一换洗。衬衫的袖长最好长短适度，一般来说，衬衫的袖口应露出西服袖口外 1.5 厘米左右，以保护西服的清洁。衬衫衣摆要均匀塞进裤子中。西服内不要穿太多的衣服，以一件衬衫为限；在衬衫之内最好不要穿背心或内衣，否则在衬衫领口或内衣的袖管之外很可能会露出一截有碍观瞻的“花絮”，同时要慎穿毛衫。

3. 领带的佩戴规范

领带被称为“西装的灵魂”，由此可见穿西装打领带的重要性。领带以真丝面料为最正宗、最高档。单色领带适用于公务场合和隆重的社交场合，如蓝色、黑色、灰色、紫红色等。如果是多色，一般不超过三色，要与西装、衬衣相配，最好其中有一种颜色与西装或衬衣相同。领带图案的选择要坚持庄重、典雅、保守的基本原则，一般为单色、无图案，或者选择点状、条纹等几何图案。要保持西装的外形美观、平整、无挑丝、无疵点、无线头，衬里毛料不变形，悬垂挺括。领带系好后大头垂到腰带处最为标准（见图 2－8）。佩戴领带可以不戴领带夹，如果要戴领带夹，则夹在衬衫的第三、四粒扣之间为宜。

图 2－8

4. 背心的穿着规范

西装背心的主要功能是遮挡衬衣和裤子的接缝处，起到美观的作用。不论是单独穿着，还是同西装上衣配套，都要认真地扣上纽扣（见图 2－9），而不可让其随意地敞开。一般情况下，西装背心只能与单排扣西装上衣配套。西装背心纽扣数有多有少，但大体可分为单排扣式和双排扣式两种。根据西装的着装惯例，双排扣背心的纽扣必须全部系上，单排扣背心的纽扣一般也要系上，如果有六粒纽扣，最下方的纽扣可以不扣。

图 2－9

5. 口袋的使用规范

西装内外多处设有口袋，其装饰作用要远远大于实用价值。为保证西装在外观上不走样，西装口袋应少装东西或不装东西。具体而言，西装上不同的口袋发挥着各不相同的作用。上衣外侧口袋不可放实用的东西，只可放鲜花、装饰性手绢等装饰性的物品，尤其不应当别钢笔、挂眼镜等。上衣内侧的口袋，可用来别钢笔、放钱夹或名片夹等不易让人察觉的东西。西装背心上的口袋多具装饰功能，除放置怀表之外，不宜再放其他物品。裤子口袋不应放任何东西。不宜把两手随意插在衣袋或裤袋里。

6. 西装裤的穿着规范

西装裤穿着时要求外观干净、平整，不生褶皱，熨出裤线。裤子口袋不放任何东西，裤子的长度要盖住鞋面、鞋帮 1 厘米左右。

7. 鞋和袜子的搭配规范

皮鞋以黑色最为正宗，其中有鞋带显得更正式、庄重；黑色皮鞋配深色西装，深咖啡色皮鞋配咖啡色西装；灰色、白色皮鞋忌穿，正式场合不可穿凉鞋；鞋面、鞋跟要保持干净（见图 2-10）。

袜子要穿深色、不透明的，可以选择黑色、藏青色等；面料以吸汗的棉袜为宜；忌穿尼龙袜与白袜子。国际上，很多人把穿深色西装配白袜子的男士戏称为“驴蹄子”，认为是没有教养的男士的典型特征。袜子的长度要长至小腿，否则坐下后露出小腿，非常不雅观。

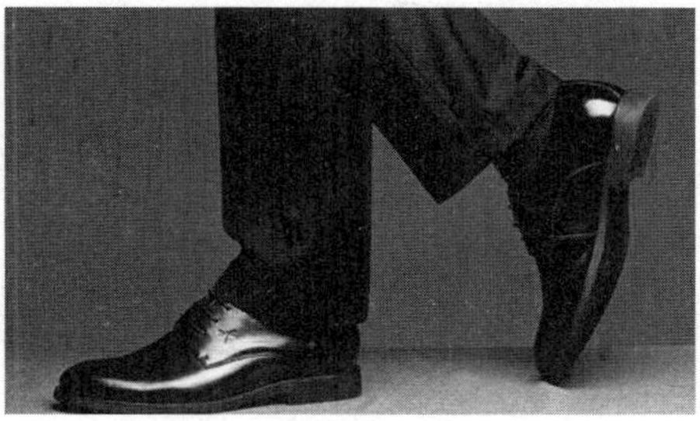

图 2-10

（三）中山装的穿着礼仪

中山装是我国的民族服装，也是我国男士的传统礼服。成年男子穿上一套合身的上下同质同色的毛料中山装，配上黑色皮鞋，会显得庄重、神气、稳健、大方，富有中国男子气派，更具民族风格。中山装一般在传统节日穿着，如国庆、春节、中秋节，也可以穿着出席各种外交、社交场合。

中山装的颜色以灰色或其他深色最为适宜，衣裤之间要相互搭配。面料以高档毛料或高支精纺的纯棉制品为宜。中山装前门襟有五粒扣子，带风纪扣的封闭式领口，上下左右共有四个贴袋，袋盖外翻并有盖扣，其穿着讲究整洁、熨烫平整。衣领里可稍许露出一道白衬衫领。衣兜不要装太多东西，内衣不要穿得太厚，以免显得臃肿。无论什么社交场合，都要扣好扣子和领钩。搭配皮鞋或做工考究的布鞋都合适，一般配黑色皮鞋，袜子要与服装颜色相近。

四、女士正装的着装礼仪

女士的正装是指女士在正式场合穿着的服装，一般指套裙或套裤。女士正装的款式不像男士正装那么严谨，有着比男装更丰富的形式。选择的要点是不追求流行时尚，不能太过显眼，穿着方便。颜色方面，可以是深蓝色、黑色、白色、灰色，其中深色更为正式，最佳颜色是黑色、藏青色、灰褐色、灰色和暗红色，精致的方格、印花和条纹也可以接受。面料方面，讲究平整、柔软、悬垂、挺括，应当不起皱、不起毛、不起球，一般选择纯天然质地的面料，如毛纺、亚麻、真丝等。

一次企业合作洽谈会上，有一位女企业家，虽然穿的也是一身西服套裙，但是面料质地不好，做工不考究，款式也比较陈旧。其他企业家一直误以为她是位工作人员，所以一直都没有重视与她的交流，最终这家企业一无所获。

可见，在正式场合，女士穿着的正装需要精心挑选，并且要穿着讲究。这样才能通过着装树立一种最能体现自己个性和品位的风格，否则，不利于业务的洽谈和合作。

（一）女士套装的着装规范

1. 外套的穿着规范

女生正装款式的选择余地较大，可以穿西服套装、西装套裙、上衣配长裤等，其中以西装套裙最为正式。套裙穿着得体合身，上衣袖长以恰到手腕为好，衣袖过长给人以着衣宽大的感觉。上衣与裙子均不可过于肥大或过于修身，“萎靡不振”与“过于性感”都不符合正装套裙所需大方、专业、稳重的着装特点。

西装套裙一般要求有领有袖，袖长应在手部虎口处一厘米，西装上衣的腰部与西装裙的臀部自然契合。西装套裙的长度一般应该过膝，或不可低于膝盖之上的20厘米，要保持西装穿着的保守、大气、庄重的风格。

一般情况下，在正式场合，女士上衣的衣扣必须全部系上，不允许将其部分或全部解开，更不允许当着别人的面随便将上衣脱下来，那样会显得太过随意。

2. 女士正装的搭配

女士正装的搭配，主要包括衬衫（吊带）、鞋、袜和挎包等，选择和搭配是否恰当，穿着是否得体，都是需要注意的地方。

（1）衬衫（吊带）。

与套裙配套穿着的衬衫，有较多讲究。从面料上讲，要求轻薄而柔软，真丝、麻纱、府绸、涤棉等都可以用作衬衫面料。从色彩上讲，要求雅致而端庄，不失女性的妩媚。除了作为“基本型”的白色之外，其他各种色彩，包括流行色在内，只要不是过于鲜艳，与所穿的套裙色彩不相互排斥，均可选择。但是，单色仍然是最佳选择。同时，还要注意，衬衫的色彩与套裙的色彩互相匹配，要么外深内浅，要么外浅内深，两者之间形成深浅对比（见图2-11）。

图2-11

由于正装裙装合体的特点，与套裙配套穿着的也可以是吊带衫。在穿着套裙时，应对吊带衫慎加选择。吊带衫由于是“贴身关怀”，应当柔软贴身，并且与内衣一起起着支撑和烘托女性线条的作用。鉴于此，选择吊带衫时，要大小适当，既不能过于宽大，也不能过于窄小。面料以纯棉、真丝等材质为佳。色彩可以是常规的白色、黑色，也可以不限于此，但最好为一色。不管选什么颜色，其色彩应与所穿的套裙色彩相配，真正能起到“画龙点睛”的作用为最佳。

（2）袜。

正式场合，穿着裙装一定要穿筒袜（见图2-12），筒袜应是透明丝袜，不宜穿太厚的筒袜，颜色以肉色、黑色为宜。长度要在裙边以上，不可太短，露出腿部。建议穿连裤袜，可以避免因袜子从腿部脱落而露出腿部的尴尬。不要穿破损的袜子，也不要当众整理袜子。

（3）鞋。

正式场合女士要穿高跟皮质鞋，以黑色船鞋最为正式（见图 2－13）。高跟鞋可以使女性显得亭亭玉立，但是鞋跟不宜太细太高，以免走路左右摇摆，与西装套裙稳重大方的风格不相匹配。不宜穿松糕鞋，也不宜穿露脚趾的凉鞋。鞋的颜色可以根据衣服进行搭配。要保持鞋跟、鞋面干净清洁。

图 2－12

图 2－13

（4）挎包。

穿西装套裙的女士挎包的质料一般应该是皮类。形状不宜过大，要比休闲包小，也不宜过小，要有形。色彩和衣服要呼应，如黑色、藏蓝色衣服配咖啡色、棕色、黑色包为宜（见图 2－14）。

图 2－14

（二）女士正装的配饰

完整的正装穿法应该是着装、妆容与配饰风格统一，相辅相成。女士在穿套裙时对配饰的要求是以少为宜，合乎身份。在工作岗位上，可以不佩戴任何首饰。如果要佩戴的话，最多不应当超过三种，每种不宜多于两件，配饰要兼顾职业女性的身份，一般不佩戴过度张扬“女人味”的耳环、手镯、脚链等首饰。配饰礼仪需要注意两点：一是使用规则；二是佩戴方法。

1. 佩戴首饰的基本规则

（1）数量规则。

戴首饰时数量上的规则是以少为佳，也可以一件首饰也不佩戴。若有意同时佩戴多种首饰，其上限一般为三种，即不应当在总量上超过三种。除耳环、手镯外，最好不要佩戴同类首饰超过一件，唯新娘可以例外。

（2）色彩规则。

戴首饰时，色彩上的规则是力求同色。若同时佩戴两件或两件以上首饰，应使其色彩一致，戴镶嵌首饰时，应使其主色调保持一致，尽量避免几种首饰色彩斑斓。

（3）质地规则。

戴首饰时，质地上的规则是争取同质。若同时佩戴两件或两件以上首饰，应使其质地相同，戴镶嵌首饰时，应使被镶嵌物质地一致，托架也应力求一致（见图 2－15）。这样从总体上显得协调一致。高档饰物，尤其是珠宝首饰，多使用于隆重的社交场合，但不适合在工作、休闲时佩戴。女士在穿旗袍时，应该多选择珠宝、金银类质地的首饰。

图 2－15

（4）身份规则。

首饰佩戴要符合身份。选戴首饰时，不仅要照顾个人爱好，更应当服从于本人身份，即与自己的性别、年龄、职业、工作环境保持大体一致，不宜相差太多。年龄大、身份高者在佩戴饰物时应选择体积稍大一些的饰物；年龄小、身份低者可以戴一些适合自己身份的小巧精致的饰物。

（5）体型规则。

选择首饰时，应充分正视自身的形体特点，努力使首饰为自己扬长避短，避短是其中的重点，扬长则需适时而定。体型胖者可以戴大一些的饰物，体型瘦者应戴与自己相适合的单一、明快的首饰。

（6）搭配规则。

首饰佩戴要尽量与服饰协调，要和其他首饰和谐。佩戴首饰应视为服装整体上的一个环节，要兼顾所穿服装的质地、色彩、款式，并努力使之在风格上相配。例如着正装套裙时，尽量少用饰品或不用；穿大礼服时一定要注重发型和耳环的佩戴，要有些夸张才能符合大礼服华丽高贵的特点，胸前的项链尽量简单或不佩戴；高档的钻戒可以用来搭配时装。

（7）习俗规则。

佩戴首饰要遵守习俗。不同地区、不同民族，佩戴首饰的习惯做法多有不同，对此要了解和尊重。

2. 佩戴首饰的方法

（1）戒指。戒指一般戴在左手，而且最好仅戴一枚，至多戴两枚。戴两枚戒指时，可戴在左手两个相邻的手指上。

（2）耳饰。耳饰是女性的主要首饰，其使用频率仅次于戒指，佩戴时应根据着装和脸形特点来选配。例如，圆形脸不宜佩戴圆形耳环，方形脸也不宜佩戴圆形和方形耳环。

（3）项链。项链也是受女性青睐的主要首饰之一。佩戴项链应和自己的年龄及体型协调。例如，脖子细长的女士佩戴仿丝链，更显玲珑娇美；马鞭链粗实成熟，适合年龄较大的女士选用。项链也应和服装相呼应。例如：身着柔软、飘逸的丝绸衫裙时，应佩戴精致、细巧的项链，显得妩媚动人；穿单色或素色服装时，宜佩戴色泽鲜明的项链，这样，在首饰的点缀下，服装色彩会显得丰富、活跃。男士戴项链一般放在衣服里面，不外露。

（4）胸针。胸针适合女性一年四季佩戴，但应根据季节、服装的不同而加以变化。穿西装时胸针应别在左侧领上的 1/2 处；穿无领上衣时应别在胸前，发型偏左时胸针应当居右，发型偏右时胸针应当偏左（见图 2－16）。

图 2－16

（5）手表。对穿西装的女士来说，手表是最好的饰物，既能体现职业女性严谨守时的职业习惯，又能体现职业女性专业自信的职业气场。人们在社交场合所戴的手表，往往体现其地位、身份和财富状况。

（三）女士礼服的穿着规范

女士礼服可以分为小礼服、大礼服。

小礼服也称便服。小礼服的概念比较宽泛，可以是质料、颜色相同的上衣与裙子，也可以是单件连衣裙。一般以长袖为多，同时肌肤的暴露很少。可戴帽子和手套，也可携带一只小巧的手包或挎包。主要在白天穿，适用于参加在白天举行的庆典、茶会、游园会和婚礼等。也可以是长及脚背而不拖地的露背式单色连衣裙式服装，其衣袖有长有短，可根据衣袖的长短选配长短适当的手套，通常不戴帽子或面纱。这种小礼服的地位仅次于大礼服，主要适合于参加宴会、音乐会或观看歌舞剧时穿着。小礼服面料比较宽泛，只要是垂感性能较好、精致美观的、华丽大方的都适用，如天然的真丝、锦缎及各种合成纤维、混纺面料等都可以。

图 2－17

大礼服也称晚礼服，是一种袒胸露背的、拖地或不拖地的单色连衣裙式服装，有时要配以颜色不同的帽子、长纱手套以及各种较为夸张的头饰、耳环和项链等首饰。大礼服适用于正式宴会、酒会、大型正式的交际舞会等。

最具中国特色的礼服莫过于旗袍（见图 2－17）。旗袍是最能体现东方女性的神韵以及含蓄、凝重气质的服装。

面料以缎面、锦丝绒或丝绸为主。旗袍的穿着应紧身贴体，凸显女性特有的线条美、体态和风韵，所以对女性身材的要求较高，如果穿不出典雅高贵的感觉，宁可不穿。选旗袍应合身，长度在小腿肚左右，因人而异。避免镂空面积较大、开叉太高的旗袍。穿旗袍宜盘发，穿肉色丝袜，若穿连裤丝袜则更佳。宜配穿秀气的尖高跟或半高跟皮鞋，佩戴金银珠宝首饰。如需御寒，宜穿裘皮大衣、毛呢大衣、开襟毛衣和披肩。

五、便装的穿着技巧

便装是相对于正装而言的，适合在各类非正式场合所穿的服装。便装可能是绝大多数人平时穿着的服装，如夹克、T恤衫等。便装在穿着时没有多少严格的限制。它既不像职场正装那样保守、拘谨，也不像流行服装那样过于随意，便装是我们职场外的最佳选择。依照礼仪规范，人们在考虑便装是否合宜时，需要注意以下几个方面：

（1）风格协调。在选择便装时，要使其风格上协调一致。任何款式的便装都有其主导性风格，例如牛仔装的奔放、仿古装的怀旧、运动装的轻盈，等等。有条件时应该力求同时穿着的便装风格不冲突。

（2）色彩和谐。选择的便装在色彩上应和谐，在选择衣服时要进行组合搭配，除了考虑自身的喜好、流行的色彩以外，还要考虑整体的效果是否统一或呼应。若使其杂乱无章、相互抵触，便会贻笑大方。

（3）面料搭配。便装的面料有较大的选择余地，比如棉、麻、混纺、毛、皮和各类化纤织物等均可为便装所选用。在选择面料时，不仅要考虑其舒适度、外观美感、价格因素，还要注意所穿衣服的整体面料大致相同。

案例分析

职业化穿搭彰显职场气质

电视剧《都挺好》上映后引起强烈反响。剧中的苏明玉，作为职场精英，其服饰体现了职业化的衣着特点。

苏明玉在职场中的标配选择是西装外套，最能衬托出职场女性的气质，搭配以高领毛衣、鲜色衬衫等单品；有时用高领衫、衬衫和西装叠搭，以经典黑白色体现层次感；有时会加上丝巾，优雅大方而不失女人味。下身则会以紧身裤、半裙为主，再搭配一个大小适中的手提包，显得干练、雷厉风行。有时也穿着羊绒针织衫、剪裁讲究的大衣，颜色款式简单，看起来很有品质感。有时穿着偏休闲一点的格纹、粗花呢西装，配牛仔裤，腕上戴一块好的职场腕表，干练时髦，有都市女精英的风格。

职场精英穿衣往往简约有品，根据自身条件，穿着最适合自己的服饰，不一定靠显眼的商标引人注意，注重服饰的质感，低调而高雅。

案例分析

从服饰变化看高启强的人生蜕变

热播电视剧《狂飙》，既赢在剧情，又赢在剧中的每个细节，让观众感受到剧组的用心。从高启强的经历来看，卖鱼时期的高启强，当“老大”后的高启强，不仅身份地位发生了变化，各种穿着服饰也随之发生变化。

“卖鱼强”时期：刚出场时的高启强是个卖鱼商贩，平时用小摩托代步，住父母留下来的老房子，生活很拮据。这一阶段的他，外形邋遢，留着“自然卷”乱发，眼睛没有神采。衣着朴实，全是方便干活的翻领T恤、背心、棉质Polo衫、颇有年份的褶皱皮衣、毛领运动夹克。

“创业强”时期：误打误撞卷入命案，高启强黑化后，跟着“大哥”徐江学穿着，买了打折的戗驳领西装配花衬衣，棉材质灯芯绒黑色西装，薄荷绿威尔士亲王格西装，穿去见未来老婆，领子没翻出来，被对方吐槽买大了不合身。

“大哥强”时期：成为暴发户以后，在建工集团身居要职的强哥，皮肤变油光水滑，穿定制西装，对面料、质感特别讲究。从华丽的条纹拼色款到相对低调纯色款应有尽有，一般人平时不敢轻易挑战的天鹅绒款，面料同样高级的酒红色马甲，标志性穿搭是双排扣白西装配黑衬衣，暗示着“外白内黑”。剧中有一个细节，高启强要见村主任的时候，他原本拿了一条高调抢眼的亮蓝色领带，结果被大嫂叫停，最后选择黑西装、黑衬衣，搭配深色波点丝巾赴宴，既显身份又够低调，既有气场又不失亲和力，穿得很有水平。

“大佬强”时期：夹克，高质感羊毛衫外套，夹克底下搭配的是V领毛衣，内穿纯白色衬衫。

从高启强的着装变化可以看出，服饰体现着一种社会文化。人们通过着装可以判断一个人格调、情商的高低。所以，服饰是一门艺术，服饰所能传达的情感与意蕴甚至是语言所不能替代的。

思考与练习

请运用所学知识分析如下案例。

［案例1］ 一位女推销员在美国北部工作，一直都穿着深色套装，提着一个男性化的公文包。之后她调到阳光普照的南部工作，仍然以同样的装束去推销商品，结果成绩

不够理想。后来她改穿色彩淡的套装，换了一个女性化一点的皮包，使自己有亲切感，着装的这一变化，使她的业绩提高了 25%。

服饰与工作能力和工作业绩是否有直接关系？请结合案例进行分析。

［案例 2］ 画面中是一名女子的背影，是 2018 年的网红妈妈。该女子一只手提着高跟鞋，双脚赤裸走在水泥地面上。而在另一张照片中，该女子又赤脚停在一间教室门口向里面张望。看起来这位妈妈“衣冠不整”，怎么成了“网红”呢？

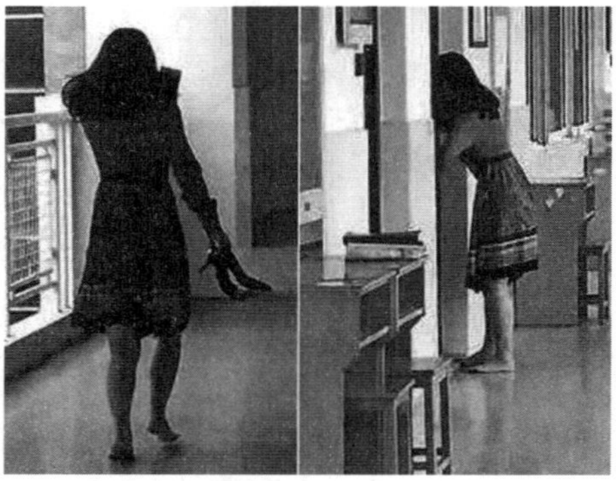

据知情网友描述，事情发生在江苏省溧阳高级中学内，这位女士是该校一名学生的家长，当天上午到学校给学生送东西。她担心高跟鞋声音太响影响孩子学习，遂脱下鞋子赤脚在水泥地面上行走。

请你从个人礼仪和服饰礼仪角度对这位女士进行点评。

即测即评

扫一扫　练一练

第三讲　日常交往礼仪

任何一个正常人，生活在社会上就会与人进行交往。没有交往，就难以合作；没有合作，就难以生存和发展。见面时双方通过各种礼节形式表现出的行为举止会给对方留下深刻印象，这一印象的好坏会直接影响人际交往的深度和广度，影响事情发展是否顺利，乃至事业是否成功。因此，掌握好各种日常交往礼节形式的规则是自身的需要，也是社会组织的需要，更是社会文明发展的需要。

一、介绍的礼节

介绍是通过自我主动沟通或者第三方沟通，从而使交往双方相互认识、建立联系的社交方式，是交往的第一步。一次得体的介绍，以及介绍后的得体表现，是良好交际的开端，也会给自己增加人际交往的信心。介绍的类型大致可以分为自我介绍、他人介绍和集体介绍三种。

（一）自我介绍

自我介绍，是指自己说明个人的情况。

（1）适用场合。如应试求学求职时，在交往中与不相识者相处时，有不相识者对自己表现出兴趣时，有不相识者要求自己作自我介绍时，有求于人而对方对自己不甚了解时，旅行途中与他人不期而遇并且有必要与之临时接触时，自我推荐、自我宣传时，均可向对方自报家门。

（2）基本内容。介绍的基本内容包括本人的姓名、供职（求学）的单位以及具体部门、担任的职务和所从事的具体工作。在自我介绍时，这些基本情况应一次连续报出，这样既有助于给人以完整的印象，又可以节省时间，不说废话。例如：

我叫×××，我是中国电信××分公司的客户经理。

我是化学工程学院材料专业 2023 级 1 班的班长，×××。

以上介绍内容是标准式的，适用于座谈会、演讲发言等场合。如果只是泛泛的交往，可以删除其中部分内容，比如只介绍姓名或者单位等。如果想要深入交往，自我介绍还可以根据具体的场景增加一些内容，如籍贯、爱好、共同熟识的老师或朋友等。

（3）介绍的态度。进行自我介绍时，应先向对方点头致意，得到回应后再向对方介绍自己。态度一定要自然、友善、亲切、随和。应善于用眼神表达自己的友善，表达关心以及沟通的渴望。既不能唯唯诺诺，又不能虚张声势、轻浮夸张。语气要自然，语速要正常，语音要清晰。在自我介绍时镇定自若、落落大方、彬彬有礼，有助于给人留下良好印象；相反，如果你流露出畏怯和紧张，结结巴巴、目光不定、面红耳赤、手忙脚乱，则会为他人所轻视，也影响了彼此的继续交往。

(4) 介绍的时间。最好能够简洁地进行不超过 1 分钟的自我介绍。话说得多了，不仅显得啰唆，而且交往对象也未必记得住。作自我介绍时，还可利用名片加以辅助和补充。

(二) 他人介绍

他人介绍，即由第三方出面为不相识的双方做介绍和说明情况。

1. 介绍者的身份

不同场合由不同身份的人充当介绍者，一般有以下几种：一是专业人士，如在公司、企业、机关等单位，专业人士指的是办公室主任、领导的秘书、前台接待、礼仪小姐或者公关人员；二是双方熟识者，了解双方情况的人员；三是本单位地位、身份最高者，如有贵宾正式来访，一般应该由东道主一方职务最高者出面做介绍，遵循礼仪上的规格对等原则。如果这三种身份的人没有及时为他人作介绍，就是失礼。

看这个例子：

大学毕业后，王峰顺利地获得了在美国某大学攻读硕士学位的机会，毕业后又顺利地进入一家美国公司工作。一晃 8 年过去了，王峰现在已成为公司的部门经理。国庆节，王峰带着妻子回国后在大剧院观看音乐剧，刚落座就发现有 3 个人向他们走来。原来是高中同学贾征，他在上海注册公司当起了老板，今天正好陪着两位从香港来的生意伙伴一起来看音乐剧。此时，王峰和贾征都既高兴又激动，两人大声寒暄之后，贾征才想起王峰身边还有一位女士，就问王峰身边的女士是谁，王峰这时才想起向贾征介绍自己的妻子，贾征也想起该向老同学介绍他的生意伙伴。

此例中王峰和贾征二人是了解双方情况的人，没有及时为他们的家人和朋友作介绍，让别人感到尴尬，是一种失礼行为。

2. 介绍的顺序

介绍的顺序遵循“尊者优先知情”的规则，即在为他人介绍前，先要确定双方地位的尊卑，然后先介绍位卑者，后介绍位尊者。这样可使位尊者先了解位卑者的情况。下面列举一些情况：

介绍职位、身份高者与职位、身份低者认识时，应先介绍职位、身份低者，后介绍职位、身份高者。

介绍年长者与年幼者认识时，应先介绍年幼者，后介绍年长者。

介绍女士与男士认识时，应先介绍男士，后介绍女士。

介绍老师与学生认识时，应先介绍学生，后介绍老师。

介绍长辈与晚辈认识时，应先介绍晚辈，后介绍长辈。

介绍已婚者与未婚者认识时，应先介绍未婚者，后介绍已婚者。

介绍同事、朋友与家人认识时，应先介绍家人，后介绍同事、朋友。

介绍来宾与主人认识时，应先介绍主人，后介绍来宾。

介绍社交场合的先至者与后来者认识时，应先介绍后来者，后介绍先至者。

如果在公务场合中两条原则发生冲突，要遵循职位优先原则。例如，介绍男性上司和女性下属认识时，要先介绍女性下属，后介绍男性上司；介绍年轻上司和年长下属认识时，要先介绍年长下属，后介绍年轻上司。

3. 介绍的时机

为他人作介绍时要把握好介绍的时机，以下时机都需要为他们作介绍。在办公地点，接待彼此不相识的来访者；陪同上司、长者、来宾时，遇见了其不相识者，而对方又跟自己打了招呼；打算推介某人加入某一交际圈时；在家中接待彼此不相识的客人；与家人外出，路遇家人不相识的同事或朋友；陪同亲友前去拜会其不相识者；本人的接待对象遇见了其不相识的人士，而对方又跟自己打了招呼；受到为他人作介绍的邀请时；等等。

4. 介绍的内容

为他人作介绍时，标准式介绍的内容包括双方的姓名、单位和职务等，适用于正式场合；强调式介绍，内容还包括被介绍者与介绍人之间的关系等；举荐式介绍，内容应突出被介绍者的优点或者优势。在正式介绍之前，还要有些铺垫用语，如“我来介绍一下”“请允许我把……介绍给您”等，以表示对双方的尊重和重视，也有引起双方注意的作用。

5. 注意事项

介绍人介绍时必须离开座位，站立进行。站在待认识的双方中间，面带微笑，用手掌指示被介绍的对象，眼睛注视着另一方。介绍时多使用尊称、敬称。

6. 介绍后的应对

被介绍认识以后，双方首先要问候，同学、朋友之间也可以握手。但是与长者、尊者认识后，若他们没有伸手示意握手，不要贸然主动握手。

（三）集体介绍

集体介绍是指在大型社交场合，把某一个单位、某一个集体的情况向其他单位、其他集体或其他人介绍说明。

如果是大型集体活动，多方人员参加，需要做公开介绍，可根据单位规模大小、到达顺序先后、座位远近、负责人身份高低来做介绍。先介绍大单位，后介绍小单位；先介绍先到的，后介绍后来的；先介绍离介绍人近的，后介绍离介绍人远的；先介绍负责人身份高的，后介绍负责人身份低的。

如果是为两个集体双方做介绍，则应该先介绍主人一方，后介绍客人一方；先介绍人数少的一方，后介绍人数多的一方；先介绍职务、身份低的一方，后介绍职务、身份高的一方。

二、称呼礼仪

在人际交往中，称呼语是交际的“先锋官”，人们对交往对象的称呼是否恰当，不但反映了个人修养与实际心态，还客观地反映出对交往对象的尊重程度。因此，选择称呼要合乎常规，要做到尊重、正式、规范。

在生活中，对于陌生人可以使用泛称，如“同志”“先生”“师傅”“大姐”“阿姨”“老伯”等。在公务交往中，选取正确、适当的称呼，通常必须兼顾下述四项规则：一是符合常规；二是区分场合；三是考虑双方关系；四是坚持入乡随俗。与此同时，对于工作、生活、涉外交往中的称呼以及正式场合的忌称，均应有所区别。

（一）统称类称呼

所谓统称类称呼，是指对社会各界人士在一般较为广泛的社交中都可以使用的称呼。比如女性称女士、夫人、太太。男性称“先生”。在机关、事业单位不分男女都可以统称为同志。对于有地位、有身份的朋友、熟人或长辈，通常应当采用必要的敬称。对科技界、教育界、文艺界人士，以及其他在某一领域有一定成就者，可称为老师。对同行中的前辈或社会上的德高望重者，通常可称为某公或某老。具体做法是在其称呼前加上对方的姓氏，如杨公、夏老。

（二）工作类称呼

在职场上，职员所采用的称呼理应正式、庄重而规范。它们大体可分为下述四类。

1. 职务性称呼

在工作中，以交往对象的行政职务相称，以示身份有别并表达敬意，是公务交往中最为常见的称呼方式。在实践中，具体又可分为如下三种情况：

（1）仅称行政职务，例如董事长、总经理、主任等，多用于熟人之间。

（2）在行政职务前加上姓氏，例如谭董事长、汪经理、李秘书等，适用于一般场合。

（3）在行政职务前加上姓名，例如王惟义董事长、滕树经理、林荫主任等，多见于正式的场合。

2. 职称性称呼

对于拥有中、高级技术职称者，可在工作中直接以此相称。在有必要强调对方的技术水准的场合，尤其需要这么做。通常可分为以下三种情况：

（1）仅称技术职称，例如总工程师、会计师等，适用于熟人之间。

（2）在技术职称前加上姓氏，例如谢教授、严工程师等，多用于一般场合。

（3）在技术职称前加上姓名，例如柳民伟研究员、何娟工程师等，常见于十分正式的场合。

3. 学衔性称呼

在一些有必要强调科技或知识含量的场合，可以用学衔作为称呼，以示对对方学术水平的认可和对知识的尊重，一般有下面四种情况：

（1）仅称学衔，例如博士，一般只用于熟人之间。

（2）在学衔前加上姓氏，例如章博士，常用于一般性交往。

（3）在学衔前加上姓名，例如章钊博士，用于较为正式的场合。

（4）在具体化的学衔之后加上姓名，即明确其学衔所属学科，例如经济学博士章钊，此种称呼显得最为郑重。

4. 行业性称呼

在工作中，若不了解交往对象的具体职务、职称、学衔，有时不妨直接以其所在行业的职业性称呼或约定俗成的称呼相称，一般有下述两种情况：

（1）以职业性称呼相称。一般情况下，常以交往对象的职业称呼对方。例如，可以称教员为老师，称医生为大夫，称警察为警官等。此类称呼前，一般均可加上姓氏或姓名。

（2）以约定俗成的称呼相称。例如，对公司、服务行业的从业人员，人们一般习惯于按其性别不同，分别称为小姐或先生。在这类称呼前，也可冠以姓氏或姓名。

（三）非正式称呼

按照中国传统习惯，在职场中的非正规场合，对于熟悉的同事或者关系比较近的朋友，可适当使用非正式称呼，这样显得亲切、自然。非正式称呼大致有以下三类。

（1）姓名性称呼。在上级称呼下级时，平辈人之间或长者称呼年轻人时，朋友、熟人可以直接称呼对方姓名。例如，卫理、唐芳、刘微，但年轻人和下级却不宜如此称呼长者和上级。

（2）朋友、熟人可只呼其姓而不称其名，仅在前冠以“老”“小”等字。具体做法是：对年长于己者或平辈称“老”，对年幼于己者或晚辈称“小”。例如，老高、小陈。对关系较为密切的同性或晚辈、朋友、熟人还可以直呼其名而不称其姓，例如，之怡、志强、一萍，等等。

（3）近亲性称呼。对陌生人，有时也可采用大姐、大哥、叔叔等类似的称呼，往往会给人以亲切、信任之感。在工作中，对熟悉的同事也可以在近亲性称呼前加上姓氏，如许叔、马姐、张哥等。

（四）正式场合的忌称

在公务交往或者正式场合中，有一些称呼是职员所忌讳使用的。如果使用不当，不仅会显得有失教养，还会影响人际关系。

1. 错误性的称呼

使用错误性的称呼，可能是称呼者知识不够或粗心大意所致。常见的有两种情况：

（1）误读。其原因在于不认识被称呼者的姓名，或者念错了对方的姓名。我国的一些姓氏，例如翟、江、郇、眭、单等，就很容易被人误读。遇到这样的情况，可以提前查阅词典、询问别人或者当面请教本人。

（2）误会。在此是指对被称呼者的职务、职称、学衔、辈分、婚否做出了错误的判断。例如，把一名未婚妇女称作夫人，显然属于重大的失误。

2. 不适当的称呼

此类称呼主要有以下几种：

（1）替代性的称呼。在正式场合，若以“下一个”“12 号”等替代性称呼去称呼他人，是不恰当的做法。

（2）跨行业的称呼。学生喜欢互称同学，军人往往互称战友，工人可以互称师傅，专业造诣高者可称为大师。但此种行业性极强的称呼一旦被用来称呼行业外之人，通常会给人以不伦不类之感。

（3）不恰当的简称。某些同事之间使用的非正式的简称，例如，把范局长简称为范局，把沙司长简称为沙司，把周校长简称为周校，均不可使用于正式场合。

另外，与他人打交道时，不使用任何称呼也是极不礼貌的表现。

3. 不通行的称呼

有一些称呼仅适用于某一地区，或者仅适用于国内。一旦超出一定范围，就有可能产生歧义。此类不通行称呼主要有两种：

（1）仅适用于某一地区。北京人称别人“师傅”，这类称呼在其他地区或国家往往难以畅行无阻。

（2）仅适用于国内。一些中国人常用的称呼，例如同志等，不宜用于称呼一般的外国人。

4. 庸俗性的称呼

在公务交往中，一些庸俗的称呼，绝对不宜使用。动辄对他人以死党、哥们儿、姐们儿相称，往往只会贬低自己的身份，不仅不会使人感到亲切，反而会让别人觉得称呼者的格调不高。

5. 绰号性的称呼

一般情况下，一个有教养的人绝对不可擅自以绰号性的称呼去称呼别人。不管是自己为别人起的绰号，还是道听途说而来的绰号，都不宜使用。一些对他人具有侮辱性质的绰号则更应被禁止使用。

三、见面礼节

在与新朋友介绍认识之后，或者与老朋友再次相见的时候，都要用一定的礼节形式表示彼此的友好和问候。常用的礼节有以下几种，适用于不同的场合。

（一）握手礼

握手是社会交往中最常用的礼节，在见面、告别等很多场合都需要使用（见图 3－1）。握手时的位置、用力的轻重、时间的长短以及是否用目光注视等，都可以反映一个人的修养和态度。有时从与对方握手的一瞬间就可以感到对方是热情还是冷淡，是谦恭还是傲慢，是自信还是自卑，是真心实意还是敷衍了事。所以，握手时的一些礼仪规定应引起我们的重视。握手礼看似简单，其实握手时伸手的先后、握手的力度、握手的时长和握手的方式都大有讲究。

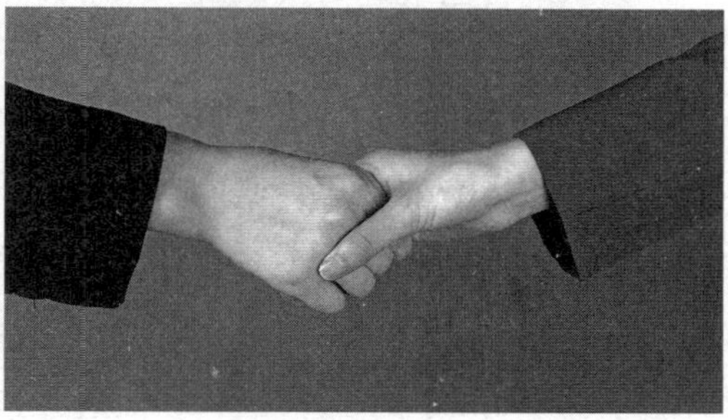

图 3－1

王先生遇见一位他很敬重的学者，这位学者正和其他人谈话。王先生想，在这么多人面前，应该更加表示对学者的尊敬。于是在握手时，他用左手盖在对方的手背上，以示亲密，并长时间地握住学者的手不放，寒暄了好几分钟。

上例中，王先生选择的握手时机和握手的方式、握手的时长都不符合礼仪，一定会让对方非常尴尬，本来想表达的敬意和热情也荡然无存了。学习握手礼要掌握以下几方面内容：

1. 握手的时机

在社交场合，新结识朋友的时候，给予鼓励和安慰的时候，向他人贺喜、祝贺的时候，作为主办方迎接八方客人的时候，拜访他人或向主人辞行的时候，都可以通过握手来表达友好及问候。但是下列场合不必握手：对方手部负伤的时候；对方手部负重的时候；对方正忙于他事，如打电话、用餐、主持会议、与他人交谈的时候；对方与自己距离较远的时候；对方所处环境不适合握手的时候；等等。

2. 握手的次序

根据礼仪规范，握手时双方伸手的先后次序，应当在遵守“尊者决定”原则前提下，具体情况具体对待。“尊者决定”原则的含义是：在两人握手时，各自首先应确定握手双方彼此身份的尊卑，然后以此来决定伸手的先后。由位尊者首先伸出手来，即尊者先行，位卑者只能在此后予以响应，而决不可贸然抢先伸手，不然就是违反礼仪的举动。具体来说，年轻者、职务低者被介绍给年长者、职务高者时，应根据年长者、职务高者的反应行事，即当年长者、职务高者用点头致意代替握手时，年轻者、职务低者也应随之点头致意。与女士交往时，男士要等女士先伸手之后再握，如女士不伸手，或无握手之意，男士则点头鞠躬致意即可，而不可主动去握住女士的手；面对长辈时，年轻者一般要等年长者先伸出手再握。

另外，接待来访客人时，主人有向客人先伸手的义务，以示欢迎；送别客人时，客人向主人道别握手，客人先伸手。公务场合中，握手的次序主要是依据职位、身份等，同等条件下，再考虑年龄、性别等。如遇一人需要与多人握手，则握手顺序是由尊到卑，如由老师到同学，由领导到学生，由年长者到年幼者，由女士到男士；或者是由近及远，如从离自己最近的人开始，顺时针方向依次握手。

3. 握手方式

握手时，距离受礼者约一步，双脚立正，伸出右手，双目注视对方，面带微笑，上身稍向前倾，头微低。待长辈、上级、女士、主人先伸手后再握。同级、同辈见面时，双方伸手可不分先后。以手指稍用力握对方手掌，力度适中，3～5 秒钟即可，久别重逢的朋友、熟人、老客户握手力度可大一些，时间长一些，还可以同时伸出左手去握住对方右手的手背，两手做紧握状，但这种握手方法不适用于陌生人和异性之间。

4. 握手禁忌

握手时，切不可东张西望、漫不经心，这是对受礼者最大的不敬。一般情况下，握一下即可，不要太用力；不要用湿手或脏手与人握手；握手前要脱帽和摘手套。如实在来不及脱手套，或正在工作来不及洗手，要向对方表示歉意。正常情况下，不要坐着与人握手；不要几个人竞相交叉握手，或者跨门槛握手；与数人相见，握手时间应大体相等，不要给人以厚此薄彼的感觉。

（二）点头致意

点头致意，就是在公共场合用微微点头表示礼貌的一种方式。

（1）适用场合：在一些公共场合遇到领导、长辈，一般不宜主动伸出手。合适的做法是点头致意，这样既不失礼，又可以避免尴尬。遇到交往不深者，或者遇到陌生人又不想主动接触时，通过点头致意，表示友好和礼貌，同时可以避免一些不必要的交往和纠缠。一些场合不宜握手、寒暄，就应该用点头致意，如会议的迟到者，就不适宜与其他与会人员握手、打招呼，对落座较远的熟人，无法握手致意，只能用点头致意的方式。比较随便的场合，如在会前、会间的休息室，在通勤的班车上，在办公室的走廊上，是不必握手致意甚至鞠躬的，只要轻轻点头致意就行了。

（2）行礼姿势：头部向下轻轻一点，同时面带微笑，不宜反复点头不止，也不宜点头幅度太大。一般不应该戴帽子。

（三）举手致意

举手致意，就是在公共场合中无暇分身相迎或者不便大声说话时，常以举起一只手表示招呼。举手致意既可伴以相关的言辞，也可代以手势表示。

（1）适用场合：和台下的观众打招呼时；与远距离的熟人或朋友见面时；环境较为开阔，又比较吵闹的场合；有时看见相熟的同事、朋友，而自己正在忙碌的时候。

（2）行礼姿势：全身直立，面带微笑，目视对方，略微点头。如果双方距离较近，

3 米以内，一般伸出右臂，以肘为轴，轻轻摆动上臂即可。致意时伸开手掌，掌心向外向着对方，指尖指向上方。如果双方距离较远，3 米以外，一般右臂向前方伸直，右手手掌心向着对方，其他四指并拢、拇指分开，轻轻向左右摆动一两下。摆动幅度不宜过大，也不宜过小。

（四）鞠躬礼

鞠躬，意思是弯身行礼，是表示对他人敬重的一种礼节。

（1）适用场合：此种礼节一般适用于领奖、讲演开始和结束、演员谢幕等场合；下级对上级或同级之间、学生向老师、晚辈向长辈、服务人员向宾客表达由衷的敬意。

（2）行礼姿势：行鞠躬礼时应面对对方，并拢双脚，脱帽立正，双目凝视受礼者，然后上身弯曲前倾，视线由对方脸上落至自己的脚前 1.5 米处（15 度礼）或脚前 1 米处（30 度礼）或脚前 0.4 米处（60 度礼）。男士双手应放在身体两侧裤线处，女士双手可自然下垂，也可两手相搭放在腹前（见图 3－2）。下弯的幅度越大，表示敬重程度越高。之后抬头、直腰，动作可慢慢做，这样令人感觉舒服。

图 3－2

某校一位男生在演讲结束后面向观众席鞠躬，却意外磕到讲台，这一窘迫的行为被同学记录了下来，引起了大家的激烈讨论。

此例中，该同学在演讲结束后面向观众鞠躬的行为值得赞扬，具有基本的礼貌行为意识，然而鞠躬磕到讲台，过于紧张是一方面，但更大的问题在于该同学在鞠躬时没有移步，双手背在身后，显得非常局促，鞠躬的礼节没有把握好。

该同学向观众致谢，应向旁边跨出一步，然后再行鞠躬礼节，这样就不会碰头了。

（五）起身、欠身礼

起身礼就是在坐着的时候，忽然有人进来，应起身示意并点头或者握手等问候的礼节，以表示礼貌。欠身礼指坐着的人为向来到身边的人，或路过身边的人，表示恭敬或友好，而稍微抬一下身子，做出要站起来的姿势。

（1）适用场合：行礼者本已就座，但是有长者、尊者随后进入的时候，如教师上课、专家报告、领导探访等。

（2）行礼姿势：起身礼是起身立正，抬头挺胸，双手自然下垂，目视对方，面带微笑。欠身礼是呈起立态势，但限于时间或场合有时并不完全站立。

四、名片礼仪

名片是一个人身份的象征，当前已成为人们社交活动的重要工具。名片的基本内容一般包含姓名、工作单位、职务、职称、通信地址等。名片可分为两类：一是交际类名片，除基本内容外，可以印上组织的徽标，或可在中文下面附上英文，或在背面用英文书写，便于与外国人交往；二是公关类名片，可在正面介绍自己，背面介绍组织，或宣传经营范围，公关类的名片有广告效应。名片的使用要特别讲究礼仪。

某公司张经理约见一个重要的客户方经理。见面之后，客户方经理将名片递上。张经理看完名片就放在桌子上，两人继续谈事。过了一会儿，服务人员将咖啡端上桌，请两位经理慢用。张经理喝了一口，将咖啡杯子放在名片上，客户方经理皱了皱眉头，没有说什么。

此例中张经理的做法显然有失妥当，名片好比人之脸面，对名片没有妥善保存，就是对对方的不尊重。在使用名片时要注意以下几方面礼仪：

（1）名片的递送。在社交场合，递送名片是自我介绍的简便方式。交换名片的顺序一般是“先客后主，先低后高”。当与多人交换名片时，应由近及远，依次进行，切勿跳跃式进行，以免对方有厚此薄彼之感。递送时应将名片正面面向对方，双手奉上（见图 3－3）。眼睛应注视对方，面带微笑，并大方地说：“这是我的名片，请多多关照。”名片的递送应在介绍之后，在尚未弄清对方身份时不应急于递送名片，更不要把名片视同传单随便散发。

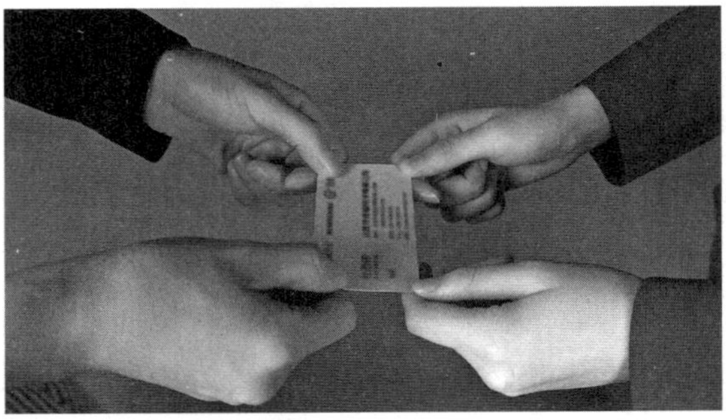

图 3－3

（2）名片的接受。接受名片时应起身，面带微笑注视对方。接过名片时应说“谢谢”，然后微笑阅读名片，阅读时可将对方的姓名、职衔念出声来，并抬头看看对方的脸，使对方产生一种受重视的满足感。之后，回敬一张本人的名片，如未带名片，应向对方表示歉意。在对方离去之前，或话题尚未结束时，不必急于将对方的名片收藏起来。

（3）名片的存放。接过别人的名片切不可随意摆弄或扔在桌子上，也不要随便地塞在口袋里或丢在包里。

案例分析

韩国网球一哥拒绝握手，失了分更失了面子

在2023年9月25日进行的亚运会网球男子单打第二轮比赛中，韩国选手1：2爆冷不敌泰国选手，遭到淘汰。比赛结束后，韩国选手情绪激动，拒绝与对手握手，连续用球拍击打地面和场边的座椅，此举引发现场观众不满。

这名韩国选手是韩国网球一哥，世界排名第112名，也是本届亚运会男单的四号种子选手，男单夺冠是他最大的目标。令他意想不到的是，仅仅在第二轮比赛中就爆冷输给了世界排名第636名的泰国选手。恼羞成怒的他做出了不理智、有失风度的举动。

在竞技体育中，运动员在高强度的运动中容易有不良情绪，这是非常正常的现象。但也不应该失去理智。

案例分析

“达康书记”背后的职场称谓文化

《人民的名义》电视剧改编自周梅森的小说，故事围绕检察官侯亮平的反贪行动和地方政治圈的明争暗斗展开。雷厉风行、脾气火爆的京州市市委书记李达康更是一夜收获大量粉丝。我们以李达康为中心，去分析该剧中隐藏的称呼礼仪。

李达康，系汉东省省委常委兼京州市市委书记。在剧中，我们能听到不同人对他的不同称呼，例如李书记、达康书记、达康同志。其中的称呼大有学问。

在剧中，汉东省省委书记沙瑞金称呼李达康为达康同志。一般来说，在机关工作应称“同志”。沙书记地位高于李达康，所以可以这样称呼他。在这部剧中，我们听到的称呼模式还有“名字＋职务”，比如育良书记、瑞金书记等，“达康书记”也属于职务性称呼。

《“达康书记”也是你能叫的？》一文中指出：达康同志是不可以随便叫的。能够这样叫的，一般都是地位略高，比如既是正省级又是一把手的沙瑞金。而副省级的省委常委、省会城市市委书记李达康，就不好意思叫沙瑞金为瑞金同志，得叫瑞金书记。公开场合，还得叫沙书记，以示上下级关系。级别更低的，更是只能叫沙书记。这就是规矩，也是惯例。

在人际交往中，称呼语是交际的“先锋官”，人们对交往对象的称呼是否恰当，不但反映了其个人修养与实际心态，还客观地反映出对交往对象的尊重程度。因此，选择称呼要合乎常规，要做到尊重、正式、规范。不同的身份关系要采用不同的称呼，使用称谓是否得体，直接关系到人际交往的效果。

思考与练习

1. 就称呼礼仪设计一张调查问卷，在班级内开展一次调查，根据结果分析同学们在日常生活中的称呼方面存在哪些不足，并给出改进意见。

2. 如果你作为公司秘书陪同总经理张海前往客户单位拜访，对方公司总经理林雪梅和秘书张丽负责接待，请问见面时应如何行见面礼？如何介绍？

即测即评

扫一扫　练一练

第四讲　沟通礼仪

沟通一般指两个或两个以上的个人或团体，通过语言、文字、符号或其他表达形式，传递和交换各自的意见、观点、思想、情感和愿望，达到相互了解、相互认知的过程。人际沟通是人类社会存在的重要方式，是人们相互认识、相互理解、相互合作的重要途径。沟通礼仪是指在信息传递过程中相互表达尊敬、尊重、友好的礼仪规范，包括语言沟通和非语言沟通两个方面。语言沟通又包括口语沟通和书面语沟通，非语言沟通主要指体态语言，其中所涉及的内容前文已经详述，本讲主要讲解语言沟通礼仪。在社交活动中我们必须掌握一定的沟通艺术，将语言表达与肢体表达相结合，以进一步提高人际交往能力。

一、语言沟通礼仪

在日常生活中，语言沟通包括口语沟通和书面语沟通，口语沟通的重要形式就是日常的语言交流，即交谈。交谈包含“听”和“说”两个方面，是表达思想及情感的重要形式，是人际交往中最迅速、最直接、最主要的传递信息的方式。在人际交往中，学习、掌握并运用好交谈礼仪，有助于提高自身语言修养，塑造良好的个人形象。

(一) 交谈基本礼仪

1. 交谈基本原则

交谈是以谈话为基本形式，是人们之间进行的面对面交流思想、沟通信息的言语活动。交谈礼仪涉及交谈的内容、态度、语言、声音、仪态等方面的内容，如果不合乎礼仪，就会影响人际关系甚至个人事业的发展。

张玲上班第一天，公司的部门经理带着她和同事们见面。经理安排小宋作为张玲的师傅，小宋当时答应得很干脆。可经理走后，小宋只顾埋头自己手头的工作，张玲感到很孤独，于是在大家休息的时候主动和同事聊天，套近乎。“小宋姐，你好年轻啊，看起来就像 30 多岁。”只见小宋脸一黑，说：“我就是 30 多岁啊！”接着就不再说话。“刘姐，你业务好熟练，计划书做得这么好！”刘姐白了她一眼，说：“我昨天还被经理批了一通，说我计划书做得不仔细！”结果张玲臊了个大红脸，非常沮丧，再也不敢随便说话了。

该例中张玲刚到公司，想很快融入集体，所以极力寻找话题，甚至不惜讨好对方，可事与愿违，因为话题的选择不慎，而被同事抢白，心情很沮丧。职场中每个人每天跟同事在一起的时间超过家人，如果不能和大家和睦相处，会感到生活很灰暗，日子久了会影响到自己的事业。所以，在日常生活中，尤其是在公务场合，会交谈很重要，要学会交谈，了解交谈的基本原则。

（1）态度要诚。

交谈的态度是交谈成功的前提，在任何社交场合，诚实和热情都是交谈的基础。只有真诚，才能让人信任。以诚相待、开诚布公、坦率热情地交谈，能唤起彼此之间的信任感和亲切感。增进情感交流，赢得他人的好感和支持，使交谈气氛融洽。而装腔作势、虚情假意、言不由衷的态度，会使人产生反感情绪，影响双方的沟通，甚至可能会失去与对方交往的机会。因此，在交谈中，不管你身份多高、资历多深，都应放下架子，平等、真诚地与他人交谈。

（2）语言要雅。

交谈中用词要准确恰当，造句要合乎语法和逻辑，能够正确完整地表达自己的想法。除此之外，更要注意语言的文雅。要做到这一点，在交谈中就要多用敬语、谦语、雅语和礼貌语。

敬语，是表示对交谈者尊敬的词语。一般多用于正规的社交场合，与身份、地位较高的人交谈，与初次打交道的人交谈以及在公务场合都必须使用敬语。常用敬语有“您”“请”“阁下”“尊”“贵”等；对德高望重者还必须冠以“先生”“前辈”等称呼，或者在称呼对方的身份前加上“贤”“尊”“高”“长”“令”等字眼，如“尊夫人”“长兄”“令郎”“令尊”“令堂”等；称呼对方的单位要称“贵校”“贵公司”等。

谦语，是说话者个人的一种谦恭用语，如在谈话中提到自己或与对方提到自己家人，一般都用谦语。如向别人道称自己的长辈用“家父”“家母”“家叔”“家兄”等；谦称自己，如“鄙人”“愚兄”“在下”。

雅语，是指比较文雅的词语，与俗语相对，常用于正规场合或不是很熟悉的人之间。如不说“上厕所”，而说“我去一下洗手间”，或者说“我出去一下”；不说“喝茶”“吃饭”，而说“请用茶”“请用餐”，等等；访问、看望别人称“拜望”“拜见”；等等。多用雅语能够体现一个人的文化素养和尊重他人的习惯。

礼貌用语，是尊重他人的具体表现。在日常生活及工作中，礼貌用语十分重要。最常用的礼貌用语有“请”“您”“您好”“早上好”“再见”“谢谢”“不客气”“对不起”“没关系”“请原谅”等。我们应该养成自觉运用礼貌用语的习惯，在日常生活及工作中要做到“请”字开路，“谢谢”压阵，“对不起”不离口，“上午好”“下午好”“晚上好”“晚安”等问候语要天天说。

（3）声音要美。

交往时语言委婉含蓄、优美动听是有教养的表现，它不仅能创造一种友善欢乐的气氛，也有益于人们的身心健康。声音美体现在说话者的语气、语速和语调方面。语气是有声语言最重要的表达技巧，是一个人内心的潜意识的表露。委婉的语气、商量的语气一般易于被对方接受；语速是指讲话的速度，讲话时应该做到平稳中速、语音清晰；语调主要指语言的抑扬顿挫、高低起伏。在社交场合，为使自己的谈话引人注目、谈吐得体，一定要在声音的大小、高低、快慢上用心，这样才能收到好的效果。一般而言，较大的场合要注意适当提高声音，放慢语速，使语势呈一定幅度上扬，以突出重点；小场合要注意适当降低声音，紧凑词语密度，使语势呈下降趋向，追求自然效果。实践证明，放低声调讲话比提高嗓门大声说笑来得悦耳；委婉、柔和的声调比僵硬的声调更动人；发音稍缓、抑扬顿挫比那种连珠炮似的讲话更易于让人接受。

（4）神情要专。

交谈时目光应专注，或注视对方，或凝神思考，既增加对方的自信心，又能加深彼此的感情，使交谈能和谐顺畅地进行下去。交谈时用微笑的神情、鼓励的目光注视对方，边听边思考，回味对方的说话内容，简要记下对方说话的要点，做到心到手到，反应及时，是对谈话者最大的鼓励。交谈是双方的事情，应该注意双方配合。交谈时双方都应该通过观察及时发现对方情绪的变化，并能运用适当的眼神、语气和身体语言烘托气氛，互相激发对方的谈兴，以便双方的交流更充分、更愉快。赞同、肯定的语言在交谈中常常会产生异乎寻常的积极作用。当交谈一方适时中肯地确认另一方的观点之后，会使整个交谈气氛变得活跃、和谐起来，陌生的双方从众多差异中开始产生一致感，进而十分微妙地将心理距离拉近。这种有来有往的双向交流，有利于双方感情的融洽，从而为交谈奠定良好基础。

相反，如果交谈中眼神呆滞，甚至直愣愣地盯视对方，都是极不礼貌的；谈话时东张西望、目光游离、似听非听、翻阅报刊甚至处理其他事情，或死气沉沉、精神不振，都是对对方不屑一顾的失礼之举，是不可取的。如果是多人交谈，就应该不时地用目光与众人交流，以表示交谈是大家共同进行的，彼此是平等的。

（5）仪态要当。

在交谈过程中，配合语言交流、更富有表达力的是双方的仪态，如手势、眼神、表情等。仪态作为一种无声的“语言”，是有声语言的重要辅助手段，没有它们的参与，交流会失去应有的魅力。在交谈中运用好仪态语言，可以使交谈锦上添花，反之，则是无礼的表现。

交谈时发自内心真诚的微笑，会让人感到温暖、亲切和愉快，给谈话带来融洽、平和的气氛；交谈时要学会用眼睛说话，用适当的角度、时间和眼神注视对方的眼睛或脸部，并与有声语言有机配合，达到彼此尊重的目的。

在无声语言中，手势是最重要的组成部分，也最有表现力。在交谈中恰当地运用手势来表情达意，给人一种优雅、含蓄和彬彬有礼的感觉，能够起到良好的沟通作用。但手势不宜太多，也不要太大，一般情况下，自然的手势范围上界不应超过对方的视线，下界不低于自己的小腹，左摆的范围不要超过自己的中线，右摆的范围不超过自己的右肩。谈到自己的时候，不要用大拇指指向自己的鼻尖，应用右手掌轻按自己的左胸，那样会显得端庄、大方、可信；谈到别人的时候，不要用手指指点他人，这是非常不礼貌的行为，含有教训人的意味；介绍他人、指示方向或者请对方做某事时，应掌心向上，手指自然并拢，以肘关节为轴指示目标，同时上身稍向前倾，以示敬重，切忌伸出食指来指点。掌心向上的手势有一种诚恳、恭敬的含义；掌心向下意味着不够坦率、缺乏诚意。招手、欢呼、鼓掌等都属于手势的范围，应根据不同场合和目的恰当运用，不可过度。

总之，与人交谈时，姿态要自然得体，手势要恰如其分。切不可指指点点、挤眉弄眼，更不要掏挖耳朵，给人以轻浮或缺乏教养的印象。

王玲在一家公司做秘书，该公司张总经理在体检中发现患了癌症。公司和家属一开始不想让张总经理知道实情。一天下班后，王玲买了鲜花和水果去医院探望张总经理。推开病房门，见张总经理正坐在床边看报纸，王玲一脸惊讶地说："张总，您得了这么重的病，怎么能不躺下好好休息呢！"张总经理一脸疑惑："是吗？你能告诉我，我得了什么病吗？"这时，王玲才意识到自己说漏了嘴，她只好支支吾吾地说："噢，那个，其实没什么大病。您应该很快就会出院的……"王玲走后，本来情绪很好的张总经理马上像变了个人似的，躺在床上两眼直愣愣地看着天花板。家属见状很奇怪，问他发生了什么，他也不理不睬。

在这个案例中，王玲的失礼之处在于语言表达不恰当、神情态度不自然。探望病人时，说话的语气应该和平常一样，尽量用温和的、自然的语气和神情同病人讲话，这样才不易引起病人的顾虑。

2. 交谈的基本礼仪

交谈人人都会，但效果却可能大不一样。正所谓"话不投机半句多"。交谈是一门艺术，从交谈开始到结束，都要注意交谈礼仪的运用。

(1) 选择适当的话题。

一次愉快而有收获的谈话，必须选择合适的话题。话题是谈话的中心，决定交谈的成败，话题的选择往往被视为个人品位、志趣、教养和阅历的集中体现。

1) 话题选择的要求。

既定的主题。双方因为某一目的而会面，这一目的就是交往双方约定的主题，属于既定主题。如谈判、探讨方案、征求意见等。

高雅的主题。指内容文明、健康，格调高尚、脱俗的话题，如文学、艺术、历史、哲学等，如果交谈双方对此感兴趣或有所研究，可以选择这类话题。

轻松的主题。指那些谈论起来令人轻松愉快的话题，如文艺演出、旅游观光、风土人情、流行时尚等，一般人都有兴趣，属于轻松愉快而普遍能接受的话题，适用于非正式场合。

选择擅长的主题。谈话者要选择一个自己有话可说的话题，才能把话谈好，从而引起对方的共鸣。但最好对方也能对此有所了解或者感兴趣，如果对方对你所谈的内容不懂或不感兴趣，应该适时转换话题，不能过分炫耀，或者自我吹嘘，更不要不顾对方的情绪，自己口若悬河、滔滔不绝地发表意见。否则，很难将交谈顺利进行下去，切记不宜用自己所长对对方所短。

注意寻找新话题。在已有话题中寻找大家感兴趣的细节作为新的话题，这样就使谈话更具吸引力，能保持谈话始终在趣味盎然的氛围中进行。

2）话题选择禁忌。

涉及个人隐私的话题。隐私就是不希望别人了解的事，包括年龄、婚姻、收入、个人经历、家庭住址等。尊重个人的隐私，是尊重个人人格的表现。一般情况下，双方如果交往不深，就不宜询问对方这些问题。反之，如果不顾忌对方的感受，因好奇而打探对方的隐私，就会影响彼此之间谈话的效果，进而损害人际关系。

令对方伤感或尴尬的话题。交谈时要留意对方的情绪，如对方在生活中遇到某些不如意之事时，情绪很沮丧，对方又不愿主动提及此事，与之交谈时，最好回避这类话题。例如，对方的家庭出现矛盾，孩子考试不理想，或是某项奋斗目标未获预期的成功等，而对方又不愿主动向你诉说时，你若不顾别人的主观意愿而主动问及此事，就会令对方陷入尴尬，进而使对方对谈话产生排斥心理。

戏谑对方的话题。交谈双方如具关系不熟，在交谈中就不要乱开玩笑或者调侃对方。让对方出丑或让对方难堪，是缺少修养的表现。

非议别人的话题。在交谈中议论他人，或传播闲言碎语、搬弄是非，都是不符合礼仪的行为。更不能无中生有，诋毁他人，这是人品低下的表现。

倾向错误的话题。如违背社会伦理道德、堕落粗俗、违法乱纪等话题。

令人反感的话题。如令对方感到伤感、不快的话题。如疾病、死亡、荒诞、淫秽的事情。另外，男士一般不参与女士之间的话题议论，与女士谈话时要宽容、谦让、尊重，不随便开玩笑，也不可与女士无休止地攀谈，否则，会引起对方的反感和旁人的侧目。

（2）兼顾“说”和“听”双方。

交谈是以两个人或几个人之间的谈话为基本形式，进行面对面的学习讨论、沟通信息、交流思想的言语活动。它以语言为媒介，以对话为基本形态，包括交谈主体、交谈客体、交谈内容三个方面，由语言、非语言和聆听艺术三部分构成。因此，在交谈中，既要“说”又要“听”，边“说”边“听”，才能真正做到有效地双向交流。

1）清楚表达观点，时刻留意受众。谈话者在交谈中围绕某一话题，清楚表达自己的观点，但不能“一言堂”，讲起话来口若悬河、滔滔不绝，完全不顾他人感受，或者不容他人插话。交谈是双边的互动行为，必须有交谈双方共同参与，才能收到成效。因此，在交谈中，谈话者要注意察言观色，根据听者的反应来判断对方是否感兴趣，以决定是否需要适时转换话题。

同时，在和多人交谈时，要照顾到在场的每个人，不能把注意力只集中在你感兴趣的一两个人身上，而冷落其他人；在同他们之中的某一人交谈时，要不时地抽出时间来与别人也说上几句，同时，目光也要适当照应一下其他人；不要突然凑到某个人耳边窃窃私语，这是极其不礼貌的，会让其他人觉得受到了漠视。对积极参与交谈者，通常应以点头、微笑，表示欢迎。

2）巧妙把握节奏，专心聆听。一次成功的谈话，不仅能获得知识、信息，而且感情上也会得到很多补偿，会让交谈者感到是一种莫大的享受；而参与一场枯燥无味、死气沉沉的交谈，除了是时间上的浪费之外，还会有一种受折磨的感觉。交谈要把握好时间，只要完成了交谈的目的，就要适时结束谈话，不要浪费时间。一般来说，临时性拜访不超过 10 分钟，已有预约的拜访在半小时至 45 分钟，超过这个时长的谈话，要在预约中讲明。

在交谈中，谈话者是在传递信息，倾听者是在接收信息，两者互相依存。善于倾听别人讲话是一种高雅的素养。中国有一句古话叫“愚者善说，智者善听”。外国也有“用 10 秒钟的时间讲，用 10 分钟的时间听”的名言，可见，无论古今中外，人们对于倾听都是非常重视的。在倾听对方讲话时，身体要稍稍地倾向于说话人，始终用目光注视对方，面部保持自然的微笑，表情随对方谈话内容有相应的变化，恰如其分地点头。不要做无关动作，不东张西望。不要介意其他无关大局的地方，如浓重的乡音或读错某个字。同时，要善于通过体态语言、有声语言或其他方式给予必要的反馈，做一个积极的“聆听者”。例如：轻轻地点头表示赞同；微笑表示对话题感兴趣；用“噢”“嗯”“原来是这样”等语言表明自己确实在听并鼓励对方说下去；用适时的发问证明你十分重视对方的谈话，从而激起对方的兴趣，向你提供更多的信息。

3）及时结束谈话，礼貌提出告辞。结束谈话也需要技巧，需要“善始善终”。一般在双方讲话告一段落，拜访方对谈话做简短的总结，或者对对方的接待表达谢意之后，再结束谈话并提出告辞。例如：“今天的谈话就到这里了，非常感谢您给了我这么多好的建议和意见。”“好，这个方案就这么定了，我整理好以后及时发送给你，非常感谢大家的参与。”这样既节省时间，又使气氛融洽，同时也增强了交谈的效果。在这样和谐友好的氛围中提出告辞。交谈中，如果对方对谈话失去兴趣时，可能会利用“身体语言”做出希望结束谈话的暗示，如看手表、眼神游离、频繁地改变坐姿等。遇到这些情况，最好知趣地结束谈话。即使意犹未尽，也只能另外选择时间。

（3）保持正确的礼仪距离。

礼仪距离就是在不同场合与不同人交谈时保持的相应的交谈距离。礼仪距离包括心理距离和空间距离。心理距离是指谈话要根据双方的关系来把握谈话内容的深浅和态度，过于随便、过于紧张、过于热情都是不合适的。空间距离是指交谈双方身体之间的距离。每个人都需要与他人保持一定的空间距离。谈话时的距离太远会让人觉得受到冷落，太近又会让人觉得不自在，侵犯了个人的个体空间，因此太远太近都是失礼的。不同民族的人在交谈的空间距离上存在差异。例如，对于两个互不相识的北美男子来说，站在一起谈话的适当距离大约是 0.6 米，而南美人则喜欢靠得更近一些。如果一个北美男子与一个南美男子在一起交谈，就会出现后者不断向前靠拢，前者不断后退的局面。所以，在交谈时应该根据谈话者和听者的关系以及各自的民族文化背景选择适当的礼仪距离。人际空间的距离一般分四种，即亲密距离、私人距离、社交距离和公共距离。

1）亲密距离，一般在 50 厘米范围内。只有有血缘关系的人、同性好友、恋人、夫妻才可以进入这一距离，否则会让人有不安全感、侵犯感。有时谈话内容属于隐私，所以距离很近，甚至相互之间几乎无间隔，即所谓的“零距离”“说悄悄话”。

2）私人距离，一般在 50～150 厘米（见图 4-1）。这是熟人或好朋友交往的距离，比较适合简单会晤、促膝谈心等。

3）社交距离，一般在 150～200 厘米（见图 4-2），主要适用于企业之间谈判、接见来访者等，体现一种较为正式的非私人交往关系，谈话的双方很少会有情感渗透。

图 4-1

图 4-2

4）公共距离，一般在 360 厘米以外，是人们在较大的公共场合内应保持的适当距离。往往是一人与多人的交谈，谈话对象不太固定，相互间的距离有时要根据实际场合而定，如做报告、演讲等（见图 4-3）。

图 4-3

其实，交谈的空间距离并不是一种机械的尺度，在实践中，更多地需要靠感觉来把握。在交谈过程中，每个人都应具有尊重他人空间的意识，随时注意使自己处于一种可进可退的位置。当发现他人因个体空间被侵犯而做出退避的动作时，就应调整自己的位置，以适应对方习惯的空间距离。

总之，交谈的距离礼仪，应以双方都感到自然为标准。

3. 交谈礼仪的禁忌

(1) 随意打断对方。

交谈中，不要随意打断对方的讲话，但要适时而恰当地提出问题，配合对方的语气来表述自己的意见，凭着你所提出的问题，让对方知道，你是在仔细地听他说话。而且通过提问，可使谈话更加深入地进行下去，例如，“造成这种现象的原因是什么呢”“他为什么要这样做”。

在交谈礼仪中，要让对方尽量把话说完，这是一种基本修养，也是对谈话者的尊重。特别是当对方谈兴正浓时，更不宜插话，以免打断对方思路。例如不等对方说完话便补充或反驳对方的意见，或者随意插嘴议论，以显示自己反应快、领悟深，或表示自己比说话者知识更广、见解更高明等，这些都是非常不礼貌的行为。因此，要想使交谈收到良好的成效，必须在整个交谈过程中注意交谈礼仪的运用。

(2) 轻易反对对方。

交谈中，不要坚持明显与对方不合的意见，因为对方希望的是听者“听”他说话，或希望听者能设身处地地为他着想，而不是给他提意见。你可配合对方的论据，提出你自己的意见，例如对方说完话，你可以重复他说话的某个部分或某个观点，这不仅证明你在注意听他所讲的话，而且可以以这样的答话陈述你的意见，如“正如你指出的意见一样，我认为……”“我完全赞成你的看法”等，表示对他的讲话的认同与鼓励。

有的人总喜欢凡事都要与别人争个对错，大有不分上下誓不罢休的架势，结果不但落得没人缘，而且事情也办砸了。其实人与人之间存在着各种差异，出现矛盾是在所难免的。精明的人都懂得求同存异，在小矛盾中忍让一步，不与人发生口角，这样就更容易赢得朋友，生活也会快乐许多。

世界著名的谈话艺术家司脱·费雨特说过："你必须时常说话，但不必说得太长。随机应变，见什么人说什么话。少叙述故事，除了确实贴切而简短的故事之外，总以不讲为佳。与人谈话要注意姿态，切不可扯住别人的衣袖，手舞足蹈地滔滔不绝。讲话时要注意对方的反应，不可妄自尊大，更要避免争论。态度应坦率诚恳，要面向听者，切忌目光闪烁。开口赌咒，闭口发誓，不但粗鄙，也显得浮夸不实。高声哄笑则有失端庄。机智和理性才能获得信任，引起共鸣。"

（二）电话礼仪

电话是现代人公认的便利通信工具，在日常工作中，使用电话的语言很关键，它直接影响着一个公司的声誉。同时，人们通过电话也能粗略判断对方的人品、性格，因而掌握正确的、礼貌的接打电话方法是非常必要的。

如果不能恰当运用电话礼仪，不但影响个人形象，而且可能会让单位利益受损。

××公司销售部秘书李静，因为结婚要请婚假，为了不影响公司工作，临时找同事张娜顶替她的岗位。这天，公司经理外出，张娜正在办公室起草下午会议的通知，电话铃响了，但是为了避免打断思路，她一直等到电话铃响 5 声才接起电话。下面是对话内容：

来电者：××公司吗？

张娜：是。

来电者：你们经理在吗？

张娜：不在。

来电者：你们是生产台灯的吗？

张娜：是。

来电者：多少钱一台啊？

张娜：差别大着呢，都不一样。

…………

此例中张娜由于缺乏工作经验，在电话中多有失礼行为，不但显示出自身素养不高，而且让公司形象大打折扣。

1. 打电话的礼仪

（1）打电话时声音要柔和，并尽可能用最短的时间表达你的目的，然后结束。

（2）打电话时，要选好时间，尽量避开受话人休息、用餐的时间。一般打电话的时间应该是在早上 8 点之后、晚上 9 点之前，办公电话更应该控制在工作时间内，且不应卡在上下班时间点拨打。

(3) 打电话时要避免嘈杂，保持周围安静。通话过程中要尽量避免有不必要的声音传入话筒，例如电话的声响、旁人的谈话，或是自己吃东西、喝水等发出的声音，这些杂声进入话筒后会令电话线另一端的人感觉烦躁，也显得打电话没有诚意。

(4) 打电话时，首先应确认找谁，确认好联系对象之后，要及时自报家门，然后适当寒暄，尽快进入正题。不可“自以为是”，认为对方能够听出自己的声音，也不可“单刀直入”，直奔主题，使得对方不知所云。

(5) 电话没有接通，应重新再拨，要保持应有的耐心和克制。如果你拨错了电话，不要对被打扰的人发出不悦刺耳的声音，“啪”地挂掉电话。应该迅速柔和地表达歉意：“非常抱歉，我打错电话了。请您不要见怪”，再挂掉电话。

(6) 适度寒暄，确保不打扰别人。接通电话后要适度寒暄，比如说“这时候打电话给您方便吗?”，以示对对方的充分尊重。如果时间不恰当，你可以重新约时间再联络，比如对方可能办公室里有客人，或是正在参与某项活动等，就应该及时挂断电话，并表示歉意。

(7) 注意倾听，确保交流顺畅。在打电话过程中，尽量不要阅读文件或是浏览页面，否则有可能错失重要的谈话内容。如果电话内容比较重要，应该做好电话记录，例如数据、标准、时间、核心内容等。

(8) 掌控通话时间。打电话前，最好先想好要讲的内容，以便节约通话时间，不要现想现说、“煲电话粥”，通常一次通话不应超过 3 分钟，即所谓的“3 分钟原则”。要及时结束通话，在结束前可适度地再一次进行寒暄。如果是与尊者、长者通话，最好等尊者、长者挂断再挂。

(9) 办公场合尽量不要打私人电话。若在办公室里接到私人电话时，尽量缩短通话时间，以免影响其他人工作和损害自身的职业形象。

2. 接电话的礼仪

当打电话给某单位，若一接通，就能听到对方亲切、优美的招呼声，心里一定会很愉快，对该单位也会有较好的印象。在接电话时只要稍微注意一下自己的行为就会给对方留下美好的印象。接电话时，应有“代表单位形象”的意识。接听电话，须注意下面礼节：

(1) 听到电话铃声，应迅速地拿起听筒，最好在 3 声之内接听。电话铃声响一声大约 2 秒钟，若长时间无人接电话，或让对方久等是很不礼貌的，对方在等待时心里会急躁，个人和单位就会给他留下不好的印象。若电话离自己较远，听到电话铃声后，应该用最快的速度走到电话机旁接听，这样的态度是每个人都应该拥有的，这样的习惯是每个办公室工作人员都应该养成的。

(2) 接听电话要礼貌，语气要平和。了解来电的目的，工作时间打来的电话几乎都与工作有关，单位的每个电话都十分重要，不可敷衍，即使对方要找的人不在，切忌只说“不在”就把电话挂了。接电话时要尽可能问清事由，避免误事。首先应了解对方来电的目的，如自己无法处理，应认真记录下来，委婉地探求对方来电目的，可赢得对方的好感。即使是错拨的电话，也不应粗暴地将电话挂断，礼貌告知即可。

（3）交流过程中要吐字清晰、表达明了。接听电话的过程中绝对不能吸烟、喝茶、吃零食，即使是懒散的姿势对方也能够“听”得出来。如果你接听电话的时候，弯着腰或躺在椅子上，对方听见你的声音就是懒散的、无精打采的；若坐姿端正，所发出的声音也会亲切悦耳、充满活力。因此接听电话时，即使看不见对方，也要当作对方就在眼前，尽可能注意自己的姿势。

（4）要结束电话交谈时，一般应当由打电话的一方提出，然后彼此客气地道别，说一声“再见”再挂电话，不可只管自己讲完就挂断电话。一般受话方不宜主动提出结束通话，不然容易被误解为不耐烦。如遇特殊情况，可实情相告提出结束通话，并向对方致歉。

（三）手机使用的礼仪

手机被戏称为“人体外挂式器官”。在现代生活中，人的衣食住行、言谈举止无不与手机密切相关，说手机是我们“自我”的物化也不为过。对于个人而言，手机极为重要，又极为私密，在人际交往中，无论是亲密关系，还是萍水相逢，都要注意手机使用的礼仪。在社交场所或工作场合，随意使用手机已经成为礼仪的最大“威胁”之一，手机使用的礼仪越来越受到人们的关注。使用手机应该注意以下几个方面。

1. 手机的放置

在一切公共场合，手机在没有使用时，尽量不要直接拿在手里或是放在座位面前，尤其是面对领导或者重要的交际对象时。一般情况下，手机可以放在随身携带的公文包里，这是最正规的放置位置；或是放在不起眼的地方。

2. 公共场所的手机使用礼仪

（1）控制音量，避免声音污染。在公共场合，特别是楼梯、电梯、路口等地方，旁若无人地使用手机会给他人造成不便；在要求“保持安静”的特殊场合，如图书馆、音乐厅、美术馆、影剧院、会议室、自习室以及有室友睡觉的宿舍等处，应将手机设置为静音状态或关闭手机，如果必须联系他人，可以到室外轻声交谈，快速解决，或者采用静音方式给对方发送信息，尽可能不影响他人；在公共场合（尤其是乘坐交通工具时）听音乐、看剧、玩游戏时，不要大声外放，可戴上耳机（见图 4－4）；在公共场合接电话时要注意自己音量的控制，避免影响到周围的人；排队办理业务时长时间接电话，会影响业务人员的工作时间和其他排队的客户。交通运输部制定的《城市轨道交通客运组织与服务管理办法》规定，自 2020 年 4 月 1 日起，列车内使用电子设备时不得外放声音。

图 4－4

（2）自拍慎重，避免影响他人。当众自拍尽量不要影响到其他人。有时候当众自拍并不总是得体的行为，尤其在比较严肃的场合。

×月×日，某学术会议正在××会议中心召开。为了拓宽研究生的学术视野，使他们结识学界顶尖专家学者，张教授此次带了 3 名研究生一起来参会。会议期间，老师们都专注聆听某知名学者报告，可是 3 名学生却为了发朋友圈炫耀参会，在会场玩起了自拍，摆拍各种造型，还不时窃窃私语，干扰了会场秩序。

（3）小心拍照，避免侵犯权益。给对方拍照（尤其不熟的情况下）前，请先征得对方同意。如果要在社交平台发布对方的照片或合照，也应该征得对方同意后再上传；在艺术展或其他展览会场，不要拍摄、标记和分享未取得他人同意的照片及视频。

（4）保持距离，避免引起误会。别人使用手机时，不要在旁边或背后偷瞄；一般情况下，不要借用他人的手机打电话，万不得已需要借用他人手机打电话时，请不要走出机主的视线，并且尽量做到长话短说，用完要表示感谢。

（5）安全使用，避免出现意外。和人打招呼时一定要摘下双耳的耳机，即使并没使用耳机也应摘下。有人称摘下手机耳机跟人打招呼，是 21 世纪的“脱帽礼”。另外，走路、开车时不要看手机，更不能沉迷于手机，这不仅关乎礼仪，更关乎生命安全。

2019 年 12 月 22 日，深圳一女士走在新沙路一段人行道上，路过一处工地时，前方没有铺设井盖，低头看手机的女士失足摔倒，手腕撞到了疑似井盖最边缘的铁板处，瞬间血流不止。

3. 工作中的手机使用礼仪

（1）放下手机，保持安静。会客、会议或聚会等社交场合时不要沉迷于手机，最好的方式是关机或调整到震动状态。以免给别人留下心不在焉、不懂礼貌的印象；工作场合不使用过于个性化的铃声，职场人士应表现出专业、严谨的态度，过于个性化的铃声会影响专业形象。

某高校召开教学例会，布置近期教学管理方面的重要事项和日常工作。为了能够保持信息对称，统筹安排工作，教务处要求各科室科长也来参会。可是，在各职能部门领导布置相关领域工作的时候，多个科长却坐在后排一直玩手机，表现极为散漫。以至于在日后科室开展工作中依然出现信息不对称、协调不力的情况。

（2）尊重对方，不涉及个人隐私。工作生活中，即使是最亲密的关系之间，未经许可，也不要擅自翻看对方手机中的任何信息，包括通讯录、短信、微信、通话记录等；当对方给你看的只是手机里的某一张照片时，请不要左右滑动，这是对对方及对方隐私的尊重。

（3）注重交际，用心交流。工作或聚会中对方专心跟你讲话时，不要心不在焉只顾玩手机，或一边刷手机一边听人说话，即使没有恶意，也会给对方留下“漠不关心”的印象。如图 4－5 所示，各自看着自己的手机，无法开展工作。

图 4－5

（4）慎发语音、慎用视频电话。发语音、打视频电话前，最好先询问一下对方是否方便。如果是重要的事情，不确定对方接听环境是否适宜，请不要发语音。若非闲聊，实在不方便，只能发语音时，请直奔主题，不要说过多无用信息，避免发大段语音浪费对方时间。

（5）工作电话，能打座机就不打手机。除非对方事先告知可以拨打手机，否则首选拨打对方的固定电话，这样显得更加正式，也减少对其个人的打扰；在拨打电话前应先考虑一下对方是否方便接听，不确定的情况下，电话接通后第一时间询问对方是否方便接听电话，另外，若非急事，打电话应避开对方睡眠、休息时间；如果对方未及时接听电话，不要无休止地拨打下去；同样，如果不能及时回复对方消息，请事前获得谅解或事后表示歉意。

（6）注意礼貌用语。用手机接打电话，礼貌用语和普通座机相同，无论是接电话还是打电话，都要注意礼貌，一句话，不同的表述带来的效果大不一样。与其说“你声音大点”不如改为“不好意思，我这里听不清楚”。把“你还没听懂啊”改为“我讲清楚了吗”，比起前者，后者的表达更令人舒服。

（四）短信、微信、QQ类沟通礼仪

随着手机的普及和工作、生活节奏的加快，使用手机编写短信、微信等文字短笺联络感情、沟通工作越来越普遍，因此有必要学习此类沟通方式的基本礼仪。

1. 手机短信礼仪

手机短信是现代人联络感情、交流情况、沟通信息、相互提醒的重要手段之一，手机短信作为一种特殊的书信方式，在编写及收发方面也要遵守一定的礼仪规范，使用时应该注意以下几个方面：

（1）短信的编发。

编写短信可根据接收者的身份选择合适的称呼，语言简洁文明、表意清晰，内容结束后署上姓名；同事之间一些简单的工作交流可用短信进行，但除非是上司主动要求或事先征得其同意，下级最好不要以短信方式和上级谈工作；发送短信要考虑对方是否方便，不要在对方上班时间频繁发送短信，早上7点之前、晚上9点以后也不建议给对方发送短信，以免影响对方休息；不编发有违法规或不健康的短信；不随意转发不确定的消息；不给异性发送暧昧的短信；不在与人谈话时查看或编发短信；在一切需要将手机调至震动状态或是关机的场合，一定要将手机接收短信设定成静音状态。

（2）短信祝福。

节假日收发祝福短信已经成为一种常见的人际交往方式。发送短信祝福时，最好要有针对性，根据当事双方的关系及实际感情编发，切勿群发套话，失去应有的真情实感，也没有达到问候和祝福的效果；收到对方发来的祝福短信时，一定要及时回复；发送方接到对方短信回复后，一般就不要再发致谢之类的短信，就祝福短信来说，一来一往就足了，多了就成了繁文缛节。

元旦前一天，工作关系繁忙的贾先生收到70多条祝福短信。其中有60条是不署名的，好多短信内容是相同的。贾先生想，幸亏这些都是祝福短信，如果是正事，不署名就麻烦了。

上例中的情况应该并不少见。短信不署名，给收信者带来了一定的困扰，更有甚者，可能还会耽误正事。

一般来说，对长辈和尊者的祝福不宜采取短信方式，最好亲自登门或电话问候；最亲密的朋友间的祝福短信最好是自己编辑内容，以显诚意。

（3）短信预约与提醒。

有时要给身份高或重要的人打电话，知道对方很忙，把握不准此时该不该拨打对方电话时，可以先发条短信与其联系，如“张总您好，我是王明。现在是否方便给您打电话?”，如果对方没有回短信，一定不是很方便，通常过段时间再以短信提醒，如果对方告知有时间，或对方打电话过来，就可以马上通话；如果事先已经通知对方参加某个会议或活动，怕对方忘记，活动前一天最好再用短信提醒一下，提醒的语气应当委婉、易于接受。

(4) 及时删除隐私短信。

有些短信涉及个人隐私，不希望别人看到，否则就可能引起麻烦。如涉及重要商业信息的短信、熟悉的异性朋友间一些语言亲昵的短信等，最好及时删除，以免引起不必要的麻烦。

2. 微信和 QQ 的使用礼仪

随着智能手机的普及，微信和 QQ 因其快捷方便而成为大众传递信息、联络感情的首选。在职场中，每个单位都建立了自己的微信工作群或 QQ 工作群，方便布置工作、沟通信息、同事交流。笔者认为，微信与 QQ 相比，微信沟通更便捷，QQ 更便于超大文件的传递，二者各有所长，平时使用时各取所需，使用中，二者在礼仪方面大致相同。下面说明使用微信、QQ 时必须遵循的礼仪规范。

(1) 一般来说适用于非正式的沟通。微信和 QQ 因其使用便捷而备受人们欢迎，但它们不适用于特别正式的沟通。

(2) 慎选沟通方式。随着科技进步，微信和 QQ 的聊天方式也是各式各样。从最开始的纯文字消息，到语音和视频消息，交流越来越方便。但是工作中要慎用语音聊天功能，也不要随便发起视频通话，即使想要视频聊天也应先征求一下对方的意见再发起邀请。另外，最好不要在工作微信群内发语音，不要在微信群里单独与某人聊天。

(3) 礼貌聊天。聊天时慎用“在吗”当开场白，“在吗”会引发信息接收者的猜测，因不知道发送者的意图而不知道如何回答；回复对方信息时最好不要频频使用“哦”“嗯”等单字，因为这样的字眼，给人的感觉是在敷衍，代表话题的终结；如果对方看到信息没有立刻回复或者回复“晚点再说”，可能是对方对此不感兴趣或者正在忙，要及时回复“不好意思，打扰了”“回聊”“那我们下次再说”等终止对话，不要突然“蒸发”，一字不发。

(4) 慎用表情符号。在微信和 QQ 中有很多丰富的表情符号，选择恰当的表情符号可以增强表达的效果。但是对长者和领导要慎用表情符号，因为每个人对表情符号的理解可能不一样，特别是中年人和年轻人之间，以免引起麻烦。比如容易造成误解的“🙂”，在年长者看来可能就是“微微一笑”，但在年轻人看来却是意味深长的“呵呵”(含嘲讽、不屑之意)。

(5) 忌刷屏。不要频繁发朋友圈，包括文字、视频和图片；不在朋友圈内发个人生活琐碎烦恼的事情，既影响朋友们的感情、浪费朋友们的时间，也容易暴露个人隐私；不发带有激进观点的内容和图片；不发低级庸俗的内容和图片；不发涉及工作机密的内容；不强行要求好友关注某个公众号或点赞。

（6）要礼尚往来。使用微信和QQ时，经常关注对方的朋友圈或者动态，适当地给人点赞和评论，而且对朋友要一视同仁，可以彼此增加好感，提升感情；看到精彩的内容，意欲转发时应先赞后转。当然，也不可强制对方转发，转发时不能泄露他人隐私。

（7）添加好友要礼貌得体。在社交场合，初次见面或不熟悉的朋友之间，未经同意而添加对方的微信或QQ就和索要对方的电话号码一样是一种无礼的行为；添加了好友，朋友圈设三天可见也是失礼的行为；需要面对面加对方好友的时候，一般来说，年轻者、地位低的人主动扫码或索要微信号（QQ号），添加长者和尊者的微信或QQ；如果通过搜索或者群里添加好友，要做好自我介绍，并简要说明添加理由；添加成功要及时问候，进一步介绍自己，加深印象，并修改备注，以免遗忘；未经对方同意，不要把他人的微信名片或手机号码分享出去。

（8）介绍朋友入群，要征得同意。介绍一位朋友入群就相当于引荐朋友参加聚会，因此一定要征得对方同意，可以为对方介绍一下群成员构成、群的主要功能等，让对方享有应有的知情权，不强行拉朋友进群。

（9）群内抢红包要礼貌答谢，并适时回发。抢红包的主要目的是分享欢乐，因此抢红包后要表达一下谢意，为了营造氛围，最好自己也发个红包，但是不可强求别人发红包。

二、组织内部的沟通礼仪

在经济飞速发展的现代社会，因利益关系、思维方式、个性特征等方面的差异，组织内部的冲突往往不可避免，因此，做好组织内部沟通非常重要。美国加利福尼亚州立大学一项调查研究结果显示：来自领导层的信息只有20%～25%被下级知道并正确理解；从下到上反馈的信息的效率不超过10%，平行交流的效率可达到90%以上。国内的一些研究显示，组织内部信息传递效率是层层递减的，高层的信息被中层接收和理解的比例在60%～80%；被基层接收和理解的比例在40%～50%；被操作层理解和接收的比例在20%～30%。由此，在组织内部，鼓励沟通，改善沟通心态和观念，重视沟通礼仪势在必行。

“同理心”是有效人际沟通的基础，“同理心”的表现就是“将心比心”，意思是站在对方的立场去体会对方的感觉，用对方的眼去看待事物，组织内容的有效沟通也是如此。

最常见的组织内部沟通分为纵向沟通和横向沟通。纵向沟通是组织内部最重要的形式，它决定组织指令的传达、民意的反映，是组织顺利运行的基本保障。纵向沟通分为上行沟通和下行沟通。上行沟通是指下级对上级采用的沟通方式；下行沟通是指上级对下级采用的沟通方式。横向沟通也称为平行沟通，指没有上下级关系的部门或员工之间的沟通。

（一）上行沟通的礼仪

在任何组织中，大部分的员工都有自己的直接上级，上级的上面还有上级。对员工而言，能否正确理解上级的意图，与上级领导的沟通是否顺畅，直接关系到自己工作的顺利与否。

1. 上行沟通的原则

（1）尊重原则。上级领导是组织的核心人物，其言行及决策具有一定的影响力和权威性，其目的是使整个组织高效运行。所以，无论上级比自己年龄大还是小，都应尊重上级、支持上级、维护上级。尊重上级是一种天职，不尊重上级是没有职业修养的表现，只有对上级表示了尊重，上级才会尊重你。尊重是相互的，但作为下级，应该表现得更积极主动些。

（2）服从原则。作为上级，通常都希望下级忠诚地拥戴、服从、支持自己。服从是行动的第一步，对于任何组织来说，每一位员工都必须服从上级的安排，在接受上级指令时，要服从上级的决定，支持上级的工作，认真倾听，适当反馈，按时完成。个人利益一定要服从组织利益，下级行动一定要服从上级指示，这样整个组织的活动才会正常进行。

（3）理解原则。上下级所处的位置不同，承担的压力也不同。下级员工有自己的辛苦，上级领导也有自己的难处，多站在对方的角度思考问题，对上级领导的决定及做法就会理解很多。理解了领导的处境，工作时就能主动为领导分忧，并以适当的方式向领导提供精神、智力、体力上的援助，这样的下属，也一定会得到领导的倚重。

（4）请示原则。下级接受上级的指令完成具体事务的过程中，要及时向上级领导请示工作，请示工作具有阶段性，首先应向领导汇报自己的工作情况。在汇报工作中，领导就会对感兴趣的具体工作下达相关指示；其次是向领导报告自己最近从事的具体工作及工作的进展程度。请示时有两点值得注意：一是不乱请示，不越级请示。值得请示的问题才请示，过于细微的问题应该自己做决断，不盲目请示；向自己的直接领导请示汇报，不能越过自己的领导向上一级的领导请示汇报。二是对具体问题的处理应有独立的见解，在向领导汇报时提供若干种方案，让领导选择。这样既有利于领导迅速做出决策，又让领导看到下属的工作能力。

刚毕业的张军在学校团委工作，校团委领导要他负责制作一个建团 100 周年的视频，没有任何具体提示，只让他抓紧时间做好。张军紧赶慢赶 3 天时间做出来了，可领导看后非常不满意，直接否定了，并提出了很多的要求，让张军在 3 天之内按照要求重做一个视频。这是个几乎不可能完成的任务，张军感到非常为难。一位和张军关系特别好的老师悄悄告诉张军一些技巧：不要把视频做完了再给领导看，每做好一点就立马展现给领导，让领导知道工作的现状及工作进度，同时，领导有什么新想法可以随时修正；工作过程中有困难要立即向领导请示，让领导知道制作视频的难度，明白3天是不可能完成这个任务的。

按照这位老师的提醒，张军不断向领导汇报工作进展情况，遇到困难立即请示，在和领导的不断沟通中，最终用了一周的时间顺利完成了视频制作，领导也非常满意。

2. 上行沟通的技巧

（1）要顾及上级的面子、情绪和立场，不要当众为难上级。当意见和上级领导的相同时，要给予肯定，并归功于上级的英明领导；意见不同时，先表达认同，再表达自己的意见，请教领导；意见相反时，不要当面争辩；补充意见时，要征求上级同意。

（2）提出观点、建议时，要简明扼要。重要的问题，要有理有据，最好有书面资料或支持性的证据；提出问题时，也要提出解决方案；对提出的建议或决策有相当把握时，要信心十足，充满自信。

（3）汇报工作忌报喜不报忧。有不利消息，要第一时间报告，随时让领导清楚状况，特别是在刚出状况之初，协助领导及时解决问题。

（4）虚心接受批评。工作中出现问题，受到领导的批评，不要过多解释，要虚心接受，认真对待。忌对上司的批评不服气和牢骚满腹，切勿当面顶撞，更不能因为受了批评就一蹶不振。

（二）下行沟通的礼仪

1. 下行沟通的原则

作为领导，只有与下属搞好关系，赢得下属的真心拥戴，才能调动下属的积极性，使下属工作尽职尽责。

（1）认同原则。领导和下属之间要相互认同，领导要言行一致，下属要忠诚努力，上下级之间要相互了解、相互信任、相互体谅。作为领导，要发自内心地为下属考虑，设身处地，认同下属的工作与付出。

（2）赞赏原则。作为领导，要及时赞美下属。下属犯错误了，领导会责备，但下属做对了，却没有听到赞美的声音，这会让下属对领导的责备不屑一顾，对自己的功过也不会太过在意。一个聪明的领导，应该在下属做出成绩的时候，及时而真诚地给予赞美。批评是使人知道什么是错的，但常常让人不知道什么是对的；赞赏是直接告诉人们什么是对的，尽管他可能不知道什么是错的，因此，赞赏比批评更直接、更有效。

（3）公平原则。身为领导，对下属要一视同仁，“一碗水端平”，不偏爱下属，即使心里喜欢某些下属，也要收敛这种感情，不能表现出来。因为领导的偏爱，难免会忽视其他人，厚此薄彼，引起其他下属的不满。这样既不利于领导工作的开展，也可能会误导视听，使下情不能及时上达。

（4）激励原则。在工作中，领导对下属要多一些激励，少一些命令，这会更好地调动下属的积极性，激发下属的创造力，同时也有利于团队的健康和谐成长。

技校毕业的张艳和李华一起进入一家保健理疗公司上班，张艳热情大方能说会道，吸引来消费的顾客数量比李华多。因此，店长非常欣赏张艳，在员工大会上多次表扬。而李华寡言少语，为人老实，做事踏实，但工作业绩还不足张华的一半，店长找李华沟通了几次，希望她多向张艳学习，增加顾客的开卡数量，但每次谈话后，李华都欲言又止，一脸郁闷。2 个月试用期结束后，李华便辞职了。李华走后，店长发现张艳的开卡数量不仅没有增加，反而流失了好多客户。原来，张艳能言善道，但技术不佳，大部分被说服的客户都是在李华的护理后才决定留下办卡的。

作为店长，一是对下属不够深入了解；二是由于自己沟通不当，伤害了下属的工作热情，最终失去了一个不错的员工。

2. 下行沟通的技巧

（1）信任和肯定。每个人都希望得到领导的重视，都希望自己的工作和存在价值得到认可，给予下级信任和肯定，能充分调动其工作积极性。作为领导，不仅要对下级予以认可，还要向其显示自己的包容与担当，避免频繁使用命令性口吻下达命令。对于无关大局的事情，不要同下级计较，应用心营造向心力。

（2）理解和倾听。耐心倾听下级的想法是一件很不容易做到的事情，要理解下级，学会换位思考。站在自己的角度思考，往往很难理解下级的某些想法和行为，但如果站在下级的角度思考，或许能快速理解其想法和行为，找准问题，方能对症下药，从而起到良好的沟通效果。

（3）关心和体谅。按照马斯洛的需求层次理论，任何人都有爱与被爱的需要，都渴望被人重视，因此，聪明的领导要善于关心下属，尤其是对下属私事的关怀与照顾，让他们感受到关心，感受到自己的重要性。同样，“人非圣贤，孰能无过”，面对下属的错误与疏漏，领导要对其批评教育以引起警醒，同时对于无关大局的错误，领导要适当原谅，不要斤斤计较，这样，更能赢得下属的感激与尊重，有利于团队的团结。

（三）平行沟通的礼仪

平行沟通是指在组织内部各层级间横向的一种沟通程序，是没有上下级关系的部门或员工之间的沟通。这里讲的平行沟通重点是组织内部员工同事之间沟通。同事之间沟通良好，有利于统一组织内部思想，产生共识，以便达到组织目标；同时还能改善人际关系，增进员工之间的感情，提高员工的工作热情，进而提升工作效率。

在单位中有些同事喜欢私下里跟同事谈论私生活，甚至把打探别人的私人问题当成兴趣。张霞就是这样一个人。每天早上到公司的第一件事，就是“八卦”同事的私生活，昨天某某跟老婆吵架了，公司里的谁和谁在谈恋爱了……单位里来了一个40多岁新同事，张霞不知道从哪里得到消息，知道这位同事是单身，于是有意无意地跟这位同事打听他的家庭情况，这名同事见绕不过，只好把自己的情况告诉了张霞。没想到张霞三天两头给他介绍对象，有一次还把公司的一名女同事介绍给他，弄得双方非常尴尬，后来这名同事见了张霞就绕着走，从来不跟她说一句话。

作为同事，张霞做事没有分寸，人的生活方式本来是没有标准答案的，每个人都有选择自己生活方式的权利，不能用自己的价值观影响他人。可见，同事之间的相处也要讲究礼仪。

1. 平行沟通的原则

（1）尊重隐私原则。同事之间，性格喜好各异，生活方式、思想观念不同，在日常相处时，不要以自己的喜好评论他人；不背后议论同事；不要出于好奇，打探同事的隐私，否则会被认为没有礼貌、缺乏修养。

（2）真诚原则。对待同事要真诚、热情。在同事需要帮助时，要主动伸出援助之手，但也不要显露出有恩于人的态度；同时对于别人给予你的帮助，无论大小，都应该在适当的时候表示感谢，让对方感受到你的真诚与热情，增加对你的好感，让你更具亲和力；在以后的工作活动中，对方也会同样出手相助。虚情假意和自私自利只会受到同事的鄙薄，只有诚信才能赢得同事的尊重和信任。

（3）微笑原则。用微笑对待每个人，无论是门口的保安还是新来的实习生，无论是坐在对面的同事还是单位的领导。在人际交往中，微笑既是礼貌，也是人际沟通的“敲门砖”。

（4）距离原则。同事之间，因工作关系聚在一起，在现实中，又都有各自的生活，在日常的相处中，同事之间要保持一定的距离，“距离产生美”，不必靠得太近，当然也不是故意地疏远对方，同事之间有工作圈，还有生活圈。任何一段关系都是由浅至深。一个成熟的人，最需要掌握的就是界限感的重要性。要想舒服地工作，就要跟同事保持适当的距离感。

2. 平行沟通的技巧

（1）和谐友好，互相支持。将平级同事看作工作上的伙伴、生活中的朋友，与他们打成一片，平日时常沟通，听取建议。形成和谐友好的同事关系，对自身工作会大有帮助。在工作中，经常会遇到一些工作上的交叉，需要与平级同事共同处理。双方应相互理解和支持，协商解决问题，不要各自为政，更不能擅自处理。

（2）权责明确，互不越位。每个人、每个部门在工作时都有自己的工作职责和工作权限，因此同事与平级部门之间应保持良好的关系，做到权责明确，互不越位。属于自己职责范围内的事情绝不推诿，不属于自身职责范围内的事情不乱干预。在配合他人时，应把握好分寸和尺度，摆正自己的位置。千万不要越权帮助他们办事，如侵犯了对方的职权，是十分令人不悦的。

（3）积极主动，开诚布公。主动是消除平级沟通障碍的一种积极态度。双方面对障碍，保持沉默，互不沟通，只会积累更多的矛盾。只有双方坦诚相待，明确地表明各自的态度、观点，才能赢得对方的理解和信任，切忌互相猜疑。

（4）宽容大度，不斤斤计较。在平行沟通的过程中，若能够胸怀宽广，善于包容，不计较、不追究一些非原则的错误和误会，将有利于双方建立和谐友好的关系。每个人都有自己的个性和行为方式，在处理工作时，难免会有差异。沟通中出现不和谐的情况时，需要彼此间互相体谅，不宜斤斤计较。

三、电子邮件礼仪

电子邮件已经成为现代社会人们用于交流、工作的一种重要的信息沟通方式，它的简易性、即时性给人们传递信息带来极大的便利。在网络化普及的今天，电子邮件的使用频率和数量已远超过传统的书信。电子邮件是介于电话和信件之间的一种通信方式，在网络时代，电子邮件也是人际交往的一种途径，因此，在收发电子邮件时必须遵行基本的邮件礼仪。

张玲大学毕业后，进入一家公司上班。在办公楼电梯里恰好遇到自己部门的领导李副经理。“小张，昨天发给你的邮件怎么没回我？”“啊，你发邮件给我啦？我昨天没打开邮箱。不好意思，我到办公室就给你回。”李副经理微微点头，没有说话。

到了办公室，张玲马上打开电脑，原来李副经理让她把上次市场调研的相关材料及客户需求信息整理好发给他。张玲马上在主题栏里写上“好的，经理，我这就整理，你等着”，点击发送，舒了一口气，然后开始整理李副经理需要的资料。整理时发现内容太多，很头疼，觉得太麻烦，心想，反正我说了也不算，还是让领导自己选择吧，于是便把相关内容归到一起，压缩一下，很快就以附件的形式发给李副经理，并在主题栏里写下“经理，材料都在文件包里，你打开看看”，然后点击发送。没过多长时间，听说张玲已离开那个岗位了。

该例中的张玲之所以离开岗位，肯定和她的工作态度及能力有关，其中必定包括这次邮件的事。张玲在收发邮件过程中没有注意到礼仪问题，也影响了她的工作。

其实，在日常工作中，这种情况比较普遍。很多邮件都是“无标题”“无正文”“无签名”，而且大部分发件人用昵称或网名，而不是真实姓名，根本不知道是谁，有的下载附件后才知道是谁发的邮件，有的附件中也没有姓名。也许一封电子邮件不能完全说明什么，但在某种程度上代表着你对收件人的尊重程度及你个人的修养。因此，在收发电子邮件时要在以下几个方面注意礼仪问题。

（一）邮箱地址

邮箱的名称或者地址要符合身份和场景。在工作和一些社交情景中，尽量避免搞笑或者其他指示性的地址，适合亲密的朋友圈内使用的邮箱名称并不适用于工作场合。所以要注册正式的邮箱。一是域名要正式，最好是单位邮箱，或是大型的免费邮箱，比如163、126或者新浪邮箱。二是邮箱名要正式，最好是自己的真实姓名或者单位名称缩写加姓名，或者数字类地址如QQ邮箱，总而言之，邮箱的名称要正式且易记。

（二）邮件标题

正式邮件，甚至所有的邮件，都应该写标题。标题一定要概括邮件的内容，标题相当于邮件的面部，收件人一看标题就知道邮件大概内容，该如何处理，也便于收发双方日后搜索此封邮件。没有标题的邮件容易让收件人认为是垃圾邮件而被忽略。

邮件标题有时有特殊的要求，比如报名活动、统计活动中，往往要求标题用“单位＋名称”来命名，方便收件人处理邮件。

（三）逻辑清晰的正文

第一，开篇称呼和问候。邮件开头顶格写对对方的称呼，如果对方有职务，则直接在姓后面加上对方的职务，如“王经理”等，开篇问候的方式取决于对对方的尊敬程度。写英文信时，如果与对方不是特别熟识或对方的职务比自己高，不宜直接称呼对方的名字，更不可统称“Dear××”，以免失礼。邮件的开头应与纸质书信一样，有简单的问候语，然后再过渡到正文。

第二，简单介绍/引入语。如果这是写给对方的第一封邮件，可以先简单介绍自己，“我是×××，是江苏海洋大学文法学院的一名毕业生”，或者利用双方上次见面的事情作为引入语，“自三月在南京见面后，希望最近一切都好”。

第三，邮件的目的。可以进行分段叙述，内容流畅明白，语意要清楚，语气要谦虚委婉，正文中不要使用过于丰富的表情符号。

第四，结束语，表达自己的期望，如“希望这周在南京可以见一面”。

第五，最后的致敬问候如“此致敬礼”等。最好的礼貌就是真诚。

第六，最后不要忘记自己的名字。在邮件最后还可以保留邮箱自动签名，最好不要使用彩色的手写体签名。

此外，在写电子邮件时，还要注意以下几点：

（1）小心使用幽默性的语言。收件人无法从邮件中感知你的声音、情绪和表情，所以很有可能并不能意识到你是在开玩笑。

（2）避免使用缩写，不要有错别字，否则容易造成对方的误解。

（3）在网络礼仪中，尽量避免字母全部大写，否则给人的感觉是在大声争辩。

（4）不要滥用标点。句尾用一串问号“????”或感叹号“!!!!”看起来不正式。

（四）简洁大方的格式

邮件的正文一定要简洁大方。字体用宋体，颜色用黑色，字号可以选择10～14号。字号小于10号不便于阅读，大于14号可能不正式，给人一种大呼小叫的感觉。杜绝花里胡哨的颜色和字体；每一个主题单独一段，同时利用缩进表明层次关系，需要重点突出的地方用加粗或红色提醒阅读者。

（五）良好的回信习惯

收到邮件要尽快回复，尤其是重要的邮件一定要及时回复，如果一时不能完成对方邮件中的要求，也要回复邮件表示对方的邮件已收到，将立即按照对方的要求开展工作，并会向对方通报进展等，这是能力、效率和重视程度的体现。

回电子邮件时，要注意全面、完整，包括抄送，因为一般来说抄送者需要全程关注信件往来内容。如果邮件来回次数过多或主题变化，不方便今后查找，应该修改邮件主题，或者重新写邮件进行回复。

（六）及时整理，归档

对于重要邮件，要及时整理归档，按照邮件主题，或者项目的主题将邮件整理到单独的文件夹中，方便日后查找。

案例分析

亲密有余，敬重不足

某市举办市级机关青年干部主题演讲比赛，其中文广旅局入职不久的张××表现不俗，给评委留下了深刻印象并获得一等奖，市委常委、宣传部部长郭××在点评时还特意表扬了他。过了不久，张××参加市里其他活动再次遇到郭部长，心想上次演讲比赛给领导留下了深刻印象，这回要抓住机会主动热情地问候领导。于是他快步走上前，主动跟领导握手，还把手扶在领导的后背上。他的“热情”让郭部长备感不适。

礼仪距离就是在不同场合与不同人交谈时保持的相应的交谈距离。礼仪距离包括心理距离和空间距离。心理距离是指谈话要根据双方的关系来把握谈话内容的深浅和态度，过于随便、过于紧张、过于热情都是不合适的。空间距离是指交谈双方身体之间的距离。谈话时的距离太远会让人觉得受到冷落，太近又会让人觉得不自在，侵犯了个人的个体空间，因此太远太近都是失礼的。案例中张××过于亲密地靠近与自己职级和年龄差距都非常大的郭部长是失礼行为，而非亲切举止。

案例分析

东方航空真诚回应，化解机票风波危机

2018 年 11 月 17 日凌晨，有网友发帖称，东方航空售票网站疑似出现 bug：广州到北京经济舱机票价格仅为 60 元，部分机票价格仅为 50 元。据了解，17 日凌晨零点到早上七点半左右，通过东航官网和 App 订票，全国各地往返的头等舱、商务舱和经济舱均出现 1 折以下的超低票价。对此，东方航空官方微博 17 日上午通报，11 月 17 日凌晨东航在系统维护时售出的所有机票（支付成功并已出票）全部有效，旅客可正常使用。另外，东航表示将从 17 日晨购票旅客中选取代表，参加 11 月 30 日东航集成新一代旅客服务系统的全新 A350 接机仪式，一起见证东航洲际旅行新定义。

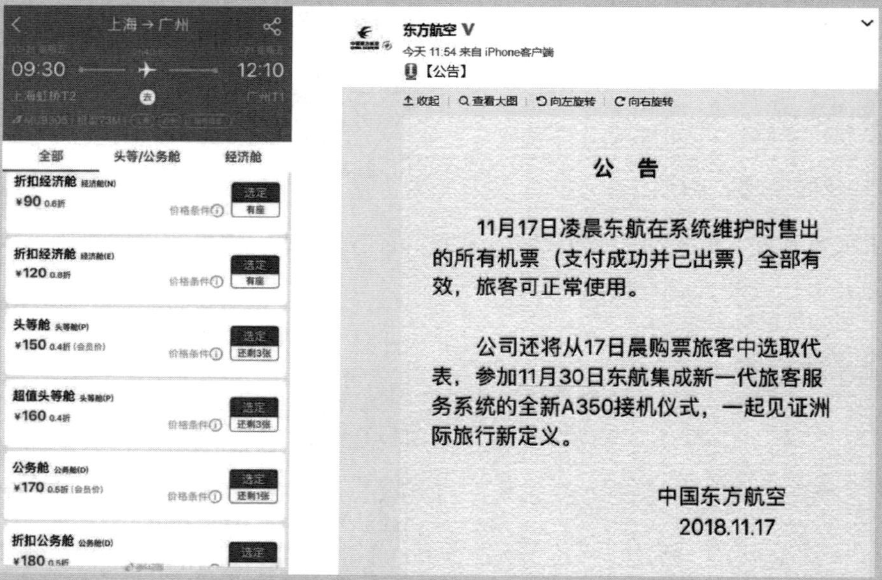

事件的发生常有意外，在公司利益与服务至上宗旨的天平摇摆时，东方航空权衡后的选择无疑是最霸气而又不失礼貌的。而其在回应机票漏洞的沟通方式上，发出声明是一方面，更重要的是通过其文字与解决方式表现出真诚的态度。

只有真诚，才能让人信任。以诚相待、开诚布公、坦率热情地交谈，能唤起彼此之间的信任感和亲切感。增进情感交流，赢得他人的好感和支持，使交谈气氛融洽。

思考与练习

1. 老师组织同学们进入自己的教学平台，或全班组建一个微信群，就某一个话题在群里展开交流和讨论。一周后，就微信群中的沟通礼仪请学生互评。

2. 请从微信礼仪方面对下列案例加以评析。

2018 年 12 月底，××省××市徐老师在家长微信群布置作业时，学生李青（化名）的爸爸提出质疑，于是双方在群里互呛，之后，李青的爸爸被告知："因你无理谩骂老师，在你真诚地在群里道歉前，决定拒收孩子的作业。"该家长被班主任移出微信群。之后，该家长在网上吐槽老师，引发网友围观。

即测即评

扫一扫 练一练

第五讲　办公室礼仪

办公室是常规的工作场所，是工作人员施展才华和展现风采的舞台，工作人员要在这里办理日常业务，要接受领导的安排，要与同事协作。每个工作人员的形象素质都会影响整个办公室、整个单位的人文氛围、工作节奏、环境效果，体现着整体的精神风貌。如果能掌握好办公室日常礼仪，就能够更好地开展工作，建立良好的同事关系，营造良好的工作氛围。

一、办公室环境礼仪

工作人员对工作环境会产生一定的心理状态，而心理状态决定着工作状态，并会直接影响到工作效率。因此，在管理工作中，创造一个良好的工作环境是提高工作效率的必要前提。

（一）办公室布置的基本要求

办公室布置是指办公室内外环境的安排设置。环境应是自然和社会条件相统一的生态因素的综合。在礼仪行为中，环境不仅体现着为人服务、以人为本的现代精神，也反映着活跃在这个环境中的人的精神面貌、审美情趣和工作作风，也会给来访者留下深刻的印象。

1. 体现主体精神

目前，我们在许多单位的办公室所看到的大多是千篇一律的布置：桌椅、电脑、沙发和个别生活设施如微波炉、饮水机等。在明亮的门窗和高级的照明设备映衬之下，这些办公室确实很有现代化气势。但是，如果只有这些硬件设备，则难以体现其特有的文化品位和人文精神，要显现本单位的特色，必须让人一走进此单位的工作区域，就感受到它的独特精神。所以办公室的布置，不是单纯地为了追求漂亮、气派，而应给人一种精神的引导。办公室良好的环境布置和工作秩序，有助于提高工作效率，也是企业文化的一种体现。每个企业有各自不同的目标和要求，在不同时期也有不同的措施和口号，办公室的环境布置，就是要突出这些，让它成为本单位员工奋斗的目标，成为团结员工、凝聚力量的纽带。

某化妆品厂的标志是一抹淡粉红，除了它的产品包装一律用这一抹淡粉红外，它的办公室、车间，甚至食堂、医务室，都饰以这一独特的颜色，员工的工作服也是由一抹淡粉红镶嵌的香槟夹克。你甚至会发现该企业办公室的沙发、办公桌、茶杯，都有专属于这家企业的一抹淡粉红，在外在风格上，这些就已体现了企业的特色。来到这里，人们能深刻地感受到该企业的精神——热爱美、创造美。在实际生活中，淡粉红极易被污染，为了让这一抹淡粉红永远鲜亮，每一个员工都必须处处当心，时时拂拭，不让它蒙尘，这同时又在提醒每个员工，必须时时关心产品质量，处处维护企业信誉，不让自己的品牌蒙尘。

办公室布置应该依托企业的背景，围绕本单位的特点，强调自己的主题。这样的布置会使每一个来访者对这个单位产生不同于其他地方的独特感受。

精神引导还表现在办公室环境布置的民族特色上。作为一个在中国的单位或企业，无论它从事的是什么工作、什么项目，在其环境的礼仪氛围特色中，所突显的应是“中国”“中华民族”这一鲜明特色，即使是外商独资企业，也可以考虑与我国的本土特点结合，使员工在接受另一种生产管理方式的同时，仍可感受到本民族的精神文化。

2. 体现以人为本

强调社会组织自己的个性，从而形成专属于“我”的一种精神，是每个单位、每个企业的文化品质以及工作管理内容。而从礼仪的角度来说，还应强调管理过程中的人文关怀，一切从“人”出发，使这个单位、这个企业的精神主旨内化为员工的精神面貌，并在这样的环境中产生心理上的归属感。

在办公室布置上，体现以“人”为本，强调为“人”服务，这里的“人”，既包括领导干部、办公室人员及其他本单位员工，也包括进出此地的各类人群，如上级领导者、业务洽谈者、咨询采访者等。对本单位的人来说，办公室要舒适，家具用品要顺手，互相联系要方便；对外来者而言，进入办公室要感觉自在，不能因零乱的空间安排而使人摸不着方向，不能因场地拥挤而使人产生局促不安的感觉，更不能因声音嘈杂而使人头昏脑涨。办公室墙上的相关口号、措施、规章，其语气、措辞都应从“人”出发，即办公室虽然是严肃的工作场合，但仍需要体现人情的温馨。某企业办公室从楼道到每一间屋子，都有这样醒目的警示性口号：“谁砸企业的牌子，企业就砸谁的饭碗”“今天工作不努力，明天努力找工作”。从道理上说，两句口号都明确形象、意义深刻。但是会使员工觉得缺乏人情味，缺乏对“人”的尊重和关心。于是在职工代表大会上，代表们一起重拟了两句口号：“企业是我家，质量关系你我他”“今天努力工作，明天工作更好”，原来口号中的那种严肃无情被带有情感的新口号代替了，人们在心理上的压力也轻了许多，而以自己是“家”中一员的心态来维护企业的牌子，确保自己的工作更上一层楼。这种口号更多强调人的主动性，鼓励大家以“家中一员”的身份参与管理，而原来的提法，却更多使人被动地不得不努力——因为不努力会被砸饭碗。

为了强调办公室的整洁，某企业规定办公室内不许挂毛巾，桌上不许放茶杯，报纸只能放在报夹上看，连热水壶也被请了出去。如此一来，办公室确实整洁了许多，但人人都抱怨工作不方便。毛巾不敢弄湿，怕没地方晾挂；喝水只能到门外，喝完后水杯必须立刻收起……这种状况维持了两个星期，终于经员工群起反对而被否定了。

某公司为追求豪华气派，将走道、楼梯甚至办公室内都铺上了漂亮的瓷釉地砖，美则美矣，却带来两大问题：一是地面稍一潮湿，便异常滑，人走在上面，十分容易滑倒受伤；二是在冬天的严寒中，地砖不仅在感官上也在实际上增加了室内的寒冷程度，尤其是在没有取暖设施的条件下，就显得更不适宜。而这种做法的根本原因，就是没有把"人"放在第一位加以考虑。

上述这些做法只强调了企业精神的需要，却忽视了真正活动在这个空间中的人，这是不利于调动人的积极性、不利于增强企业凝聚力的做法。所以办公室乃至一切环境布置，都不该忘记：环境是为人服务的，"人"才是环境的主人。

（二）办公室布置中的礼仪规范

1. 清洁卫生

清洁卫生是办公室布置礼仪规范的第一要求，有了清洁卫生的工作环境，人才能放松身心地投入工作。环境的清洁卫生能从客观上刺激人的主观精神，使人振奋，也使人爱惜这个环境，同时也是对办公室来访客人的尊重。

要做到清洁卫生，办公室人员应做到勤扫勤擦。清洁卫生应该是办公室人员日常的工作之一，并养成习惯。除了窗明几净，没有墙角、桌脚等卫生死角外，室内的每一个物件也应该是干净的，如各种办公设备的遮盖物、电源开关按钮、物件拉手、电脑或电话的每一个按键等。

在办公室适当储备一些零食是可以的，但工作时将一包零食放在桌上边吃边做，既不卫生，又不符合工作场所礼仪，同时也破坏了办公室应有的整齐和洁净，更不便于接待来访者。在休息时或胃不适时可以稍稍吃一点东西，但不应该在办公时间不停地吃东西，尤其是吃那些带壳带皮的零食。办公室应为禁烟区。对于卫生间，要自觉维护其卫生状况，便池用完要及时抽水冲洗，茶叶、果皮等垃圾切不可倒在便池里。

2. 整齐有序

在办公室的空间安排上，要做到整齐有序（见图 5－1、图 5－2），这样既可有效利用空间，又便于工作人员行动和联系。如果说清洁卫生的礼仪效果是使人精神振奋，那么整齐有序的礼仪效果则是使人态度积极。现代管理科学认为，办公室大而开放的空间有利于采光通风，也有利于工作联系和监督。多人共同办公的办公室，办公桌的样式、质地、颜色、大小应一致，以体现整齐与平等，文件架、档案柜、书橱等应统一规格，尽可能依着墙呈直线放置。办公室桌位排列的基本规范是：按照远门为尊的原则，离门越远的办公桌位职位越高，部门领导人的办公桌可大些、精致些。此外，工作人员的座位应按工作流程排序，以保证各工序之间运行顺畅。

图 5－1

图 5－2

办公室的小物件，如信笺、信封等，摊放在桌子上，再加上电话机、玻璃板等东西，凌乱的样子显然是对整齐有序的违背，而这些又是必不可少的用具，因此需将这些办公小件按使用频次、使用方法归类放在文具盒内，固定于桌面一端，既用来顺手，又不致凌乱、易丢失。报纸、文件、资料等是办公室人员必不可少的工作材料，对工作材料可按照文件处理的有关规定执行，该传送的传送，该清退的清退，该销毁的销毁，并做好平时归卷的工作。需要保存的工作材料，要分门别类，按专题存放，以便查找，并为组合案卷、移交档案做准备。此外，办公室的扫帚、废纸篓、拖把、吸尘器之类的卫生工具摆放不当也会破坏办公室整齐有序的总体形象，因此一定要将这些东西归类放好。可以专辟一个地方，放置卫生工具，但不宜放在一进门的显眼处，一般多放在门后、门旁、阳台等地方。

3. 明亮安静

办公室环境布置如能体现明亮安静的要求，它的礼仪效果一定会给人以温馨亲和的感觉。明亮不仅带给人们一种精神上的愉悦，同时也是清洁和整齐的基础。有了明亮安静的工作环境，活动于其中的人会产生一种平和宁静的心态，这种心态有助于工作效率的提高，有助于人际关系的和睦，有助于矛盾的化解。当人们远离嘈杂喧嚣而专心于自己的本职工作时，主观积极性会更充分、更主动。因此环境的明亮安静是礼仪工作的一项重要内容。

首先，办公室的采光条件要好。自然光照会给人愉悦的心情，也有利于头脑心神以及眼睛的健康。同时，办公室的人工光源也非常重要，在自然光照不足的条件下，人工光源可以为人们提供办公所需要的充足光源。其次，必须重视窗玻璃和窗帘的恰当选用。办公室以无色玻璃窗为宜，选用茶色或蓝色玻璃固然有它的优点，但办公室的气氛会产生沉闷、压抑的感觉，所以办公室不宜选用有色玻璃材料。办公室的窗帘除了应与家具的颜色、纹饰协调之外，还应与办公室的明亮要求相协调，一般可采用以明快色调为主的各种不同材质的窗帘，人们在这样明亮的办公室内工作心情会更舒畅，行为也就更自然放松，这显然有利于提高工作效率。

安静是办公室环境礼仪要求的又一重要因素。安静不仅指办公室选址要恰当，最重要的是工作人员要自觉保持室内工作时的安静状态。一个人说个不停，或得意忘形、哼唱不止都是不合时宜的。在办公室里如有必要的交谈、磋商，应轻声细语，这样既不影响他人工作，也会给对方一种轻松的感觉。作为办公室人员，与领导交谈应稳重、轻声；与同事交流应平声、静气；与下级对话更应谦和、舒缓。慌慌张张、粗声莽气都会显得缺乏修养，也破坏了办公室的安静。办公室内各种家具和自动化办公设备在使用中都会发出各种声音，工作人员应时时关注这些声音，尽量减轻它的强度，以维护办公室环境的安静。

二、办公室日常工作礼仪

办公室日常工作礼仪是指处理好与同事之间的工作关系，遵循在办公室举止行为的规范要求，是对职场人士的基本要求。遵循这些礼仪不仅是对同事的尊重和对公司文化的认同，而且是每个人为人处世、礼貌待人的最直接表现。

（一）与同事相处的礼仪

领导是办公室人员的服务对象和工作对象，所以办公室人员的事务处理礼仪也包括对领导的礼仪。需要注意的是，办公室人员对领导的礼仪，不是说办公室人员要成天揣摩上级领导的心思，看上级领导的眼色，甚至谄媚、奉承，而是说在职场中，每个人的岗位与分工不同，下属与领导之间应该遵循一定的礼仪规则。

领导的权威性是在工作中体现出来的，因此，无论工作人员与领导的私交如何，在工作中，必须时时、事事、处处维护领导的权威性。凡事要多请示、多汇报，重要场合，工作人员要让领导走在前面、坐在中心位置。向来宾介绍领导时，态度要恭敬，不能大大咧咧地说："这是经理老王。"恰当的说法是："这位是我们的经理王某某先生。"领导与人谈话时，工作人员不能轻易插嘴，如有事临时离开则不能走远，而应该在随时能被召唤到的地方。当领导布置工作、交代任务时，工作人员必须认真倾听。假如工作人员与领导意见不一致，不应立即插话打断，而要认真听完领导的话，分析领导意见的合理之处，婉转地提醒领导再作考虑，切不可轻易反对，更不能拒不照办。

无论在什么场合，与领导说话，都要有分寸，称兄道弟、油腔滑调不是应有的礼仪，即便是只有两个人在场，对领导说话也应尊重。在众人面前，办公室人员绝不能议论领导，出语轻慢或是语气随便，都会有损领导的形象。

工作人员小王，乒乓球打得非常好，一日刚好碰到李书记也来打乒乓球，李书记夸奖了小李的球技，并且在对球技的交流中两人也变得熟悉起来。小王就觉得李书记在打球时没有架子、非常随和，开始以"老李"来称呼李书记。有一天，李书记正在陪同来访的客人，被小王看到，小王喜出望外，喊着"老李"，并还拉起了李书记的胳膊。后来，小李就被调离了原来的岗位。

上例中，小王没有把握好与领导相处的距离，也没有注意在正式场合与领导相处的方式，这些都是不符合办公室礼仪规范的。

工作人员在与领导的交往中，还须注意为领导分忧。比如，办公室人员应学会为领导挡驾。挡驾，要分清轻重缓急。非领导约见的人要见领导，必须预先登记，包括什么时候、谈什么问题、所需时间等，办公室人员都应一一了解，报领导同意后，按时约见。对造访的不速之客，办公室人员应尽量帮他解决问题，而不可随便向领导引见。当有紧急事情必须由领导出面时，办公室人员应先问清情况，然后请示领导，得到领导同意后，再将来访者引荐给领导。不能一听事情紧急，就立刻往领导面前一推，而自己既不了解情况，又全无主意。

在一个团结和睦的集体中工作，是令人愉快和催人奋进的。工作人员与人打交道，尤其要注意和睦相处。办公室人员必须具有团队精神，热心助人，以礼待人，善于接受各种新观点、新挑战，乐于接受别人的帮助，而不是孤立地苦干或蛮干。此外，平时在办公场所，笑脸相迎是礼仪的基本要求。见面时，应互相问候、致意，不要因为熟人就忽略，尤其是年轻的工作人员。招呼同事时，不管是不相识的人，还是其他部门的人员、单位的领导，在见面时都应有所致意，最简单的就是含笑点头，也可道“早”“您好”以及“再见”之类的问候语。当然这并不意味着见人就要套近乎，而是一种应有的礼仪。

同事之间有时用善意的绰号来称呼，如“眼镜王”“铁拐李”等，但这不适用于新到的成员或下级，不适用于年轻人对年长者。在外资企业中，称呼老板或顶头上司时，不能只称其姓，还必须加上其职衔，即使对方要求你只称其姓甚至只称其名，在接待客人时，当着客人的面也不能这么做。新来的工作人员，在还不了解情况的时候，随意发表意见是十分不合礼仪的，只能起到负面作用，而且显得无礼。所以，来到一个新单位或新集体，多听少说，既能了解这个单位的情况和各位新的同事，也能给人留下一个良好的印象。与同事相处，要“亲密有间”，切忌与某些人形影不离，而与某些人从无往来、保持距离。君子之交淡如水，初来乍到，要尽量克制自己而不必显得跟人“自来熟”，把表现友好的机会让给老职工，使别人感受到你的修养。工作中要信守承诺，不要动辄向人许诺，这是浅薄之举，宁可说“试试”而在实际中努力实践，也不要言而无信。而一旦许诺，就一定要信守承诺。

（二）办公室举止行为规范

在公司内，职员应保持优雅的姿势和动作，概括起来就是要保持“轻”“敲”“让”的行为举止。

1. 轻

无论进出什么门，开门和关门的声音一定要轻，“乒乒乓乓”地甩门进出是有失礼仪的，也会对公物造成损坏。现在许多办公室的门上都镶着玻璃，开门关门太重，易造成玻璃破碎。平时在办公室中，为了防止风力太大吹动房门，在开着门的时候，一定要将门固定在拉环上。喝水不宜喝一口“啊”一声，或边喝茶边吐茶叶；开关门窗、橱柜、抽屉时，声音宜轻，动作宜缓，不能影响别人工作。

2. 敲

去别人办公室，包括本单位其他部门和外单位办公室，都应先敲门，得到允许后方可入内。即使门开着，你也必须先在门上敲几下，并同时问：“我可以进来吗?”而假如你是办公室的主人，面对来访者的敲门和问话，应立刻作答，不及时应答来访者是不礼貌的。

3. 让

与别人一同进出时，要谦让，而不可以我为尊、旁若无人。具体来说，在一扇关着的门前，走在最前面的人，应主动打开门并为同行的后来者拉着门，直到大家都过去方可松手，假如那扇门不用拉着，走在最后的人应主动关门。同行时，下级应当为上级开关门，年轻人应当为年长者开关门，男士应当为女士开关门。当别人为你开关门时，你一定要表示感谢。如果是陪同客人过大楼下的旋转门，办公室人员应自己先迅速过去，然后在另一边等着客人；而当你是客人时，则应让主人先行。

三、办公室接待礼仪

在办公室接待来访人员时要做到问候、握手、让座和上茶。但并不是每一位客人的接待都要完成这四步，要视接待对象和接待情况而定。

（一）接待预约客人

1. 热情迎接

来者都是客，面对来访者，最基本的方式就是面带微笑。工作人员应抢先主动热情地上前迎接对方，并应主动与客人问候、握手，进行必要的寒暄，比如说“欢迎光临”“久等了”“天气这么热（冷），您辛苦了”之类的话语。需要带到会客室或者领导办公室的客人，不能用手一指了之。无论自己有多忙，这种做法都是失礼之举。在引领过程中，工作人员切忌自顾自地走在前方将背部留给客人，而应该配合访客的步调，走在距离对方大约 1 米的斜前方，把走道的中央留给对方，来到门口时请客人先进。

2. 礼貌让座

将访客带到领导办公室或者会客室后，所遇到的下一个问题便是让他坐在什么位置上。通常应当请访客坐在上座，因此必须清楚哪里是上座、哪里是下座。一般来说，办公室或者会客室内侧的座位为上座，靠近门口的座位为下座。根据会客室的不同形状，上座、下座也可能会发生变化。图 5－3 为常规座次顺序。

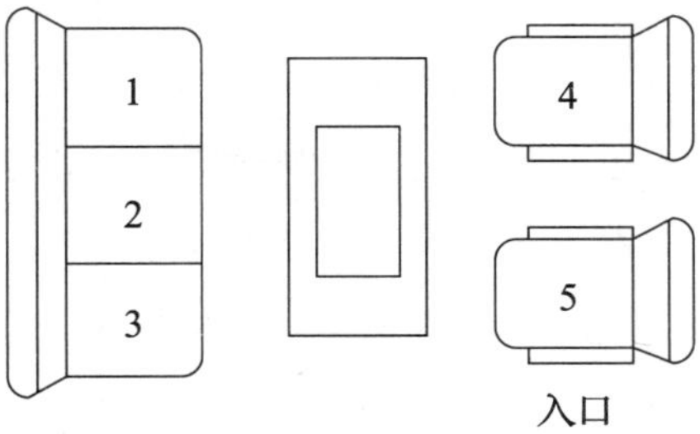

图 5－3

当拜访其他公司时，千万别大模大样地坐在上座，以免给对方造成不好的印象。

3. 小心奉茶

接待客人要小心地为访客上茶。首先，要准备好清洁的茶具；其次，倒茶、端水动作要轻缓；最后，茶水保持到杯子的 2/3 处。看似简单的上茶动作，也可能对公司产生意想不到的影响。

2024 年 12 月，某公司正在举行一场重要的商业谈判。会议期间，公司秘书张红为客人倒茶。她先从本公司的总经理开始上茶，然后才绕到客人身边。倒茶时，她的动作幅度也比较大，只听“啪”的一声将茶杯放到桌子上，很多水滴溅湿了客户的重要文件，客户当时就面露不悦。而张红却浑然不知，并没有及时道歉，谈判最终不欢而散。

此例中秘书张红犯了以下错误：一是不该先给本公司的总经理上茶。当有访客时，即使总经理的职位较高，也应处于访客之下。即应先给访客敬茶，然后才轮到本公司的职员。二是上茶动作不熟练，没有做到轻拿轻放，还溅湿了对方的材料，并且没有及时道歉。最终因小失大，让公司错失一笔生意。

上茶时机的选择也非常重要，不能只顾自己方便，以为任何时候上茶都没关系。当谈话的双方正在交换名片时，自顾自地将茶水一杯一杯地摆在桌上，就会显得非常怪异；反之，当双方的话已基本说完之后再上茶，就失去了意义。由于我们不可能预测出接待者与访客之间的谈话将持续多久，因此当双方完成交换名片、相互介绍之后，就是最好的时机。此外，在更换新茶时，应先将以前的茶水全部撤掉，再上新茶。

4. 礼貌送别

根据与对方的不同关系，送别客人的方式也有所差别。既有可以在会客室门口告别的客人，也有需要送到公司门口的客人。一般来说，越是重要的客人，送别的路程越长。在公司门口送别时，应等客人离去再走，绝不能草草了事，先于客人匆匆离开。如将客人送到停车场，也应将对方的行李送到车上，先为对方打开车门，当客人坐好后再将车门关上，然后目送着对方的车子开走后再返回。由于在电梯口可能会遇到各种问题，因此在电梯口送别时要格外小心谨慎，通常应等到电梯开始下降后再离去。

公司职员李涛送客，当电梯间的门正徐徐关上时，他说了声“您慢走”便迅速走回办公室。可是，这位客人忽然想到自己有东西放在李涛的办公室中忘了带，于是将正在合拢的电梯门打开，而刚才还在深深鞠躬的李涛却已经不在了。他急忙跑到走廊里，却看见李涛正匆匆离开。当时这位客人就产生了一种不受重视、被抛弃的感觉。

或许有人认为大可不必如此，但电梯前面与走廊里是一样的，你不知道有谁在注视着你的言行举止，假如有别的客人看到了如此送别的场景，或许他会对你所任职的公司另作评价。

（二）接待陌生客人

如果来客是陌生人，应实行首问负责，即问到谁谁负责。如果询问的事情属于自己的工作职责，要热情接待，听到对方讲述时，应立即记下。如果难以听清楚找谁，则应复述一遍或向对方问清楚以免弄错。如果访客人数太多，也可以只记下单位名称及其代表者的姓名。如果是找其他工作人员，那么就由所找对象负责，你只需要在必要时问对方是否需要留言、留条或提供方便即可。不认识又不找你，有他人接待，你对视、点头致意就好，如果对方需要与你的同事深谈，必要时还需要回避。

（三）接待熟悉的客人

如果是同事来访，要点头致意；如果是长者或领导来访还要起立并问候，不应该默默走开或者一言不发。亲戚、朋友来到办公室，要介绍给同事认识，但是不宜在办公室闲聊过久或者过度喧哗，以免影响他人。

四、办公室拜访礼仪

拜访是指亲自或派人到朋友家或有业务关系的单位去拜见访问某人的活动，是人际交往的重要方式。个人和社会组织之间都少不了这种拜访，因此在拜访过程中要遵循一定的礼仪惯例和规范，否则会让主人感到不悦。

张强是一名刚从大学毕业分配到石油化工公司的新业务员。某天去拜访某公司的李经理，由于没有李经理的电话，张强便没有预约就直接去了李经理的公司。到达李经理办公室时，李经理正在接电话，就示意他在沙发上坐下等。张强便往沙发上一靠，悠闲地环视着李经理的办公室。在等待的时间里他不时地从沙发上站起来在办公室里走来走去，还翻看李经理办公室的书籍。李经理看到张强的行为非常不高兴。

上例中张强拜访李经理多处不符合礼仪规范：事前没有预约，拜访没有通报，在办公室表现得过于随意等。拜访过程中要注意如下礼仪。

（一）拜访前的准备

为了方便办理事务，更是为了尊重对方，拜访之前首先且必须做的事情就是预约。约定见面的时间和地点，以对方方便、合适为宜，最好不要打扰对方的工作、学习。一般来说尽量避免将拜访时间定在星期一上午，因为在星期一上午，很多单位都会因开例会等没有空闲时间。此外，在吃午饭之前与黄昏时分，也会异常忙碌，如果你将拜访的时间定在这些时间段，会造成对方的不便，应尽量避免。

约定会面时，要定出拜访的日期与时间，同时还应将己方前去拜访的人数、姓名、职务、将要商谈的事情概要以及预计所需的时间告诉对方，便于对方安排会客室等。如遇到突发事件不能如期赴约需要取消拜访时，应及时通知对方取消约会以免让人空等。

拜访别人不要给对方带来不便，不宜过勤，要做到无事不访。拜访别人前，要对自己进行一番整理、修饰，不宜蓬头垢面、衣衫不整地出现在对方面前。

（二）拜访过程中的礼仪

如果双方在拜访前已经设定了拜访时间，要做到准时守约，这是一般常识，也是拜访活动中最基本的礼仪之一。一般应提前 5 分钟到达对方公司办公区域，可利用提前到达的时间整理个人仪表或者拜访时需要用到的资料，并于正点出现在约定好的地点。而迟到则是失礼的表现，不但是对被拜访者的不敬，也是对工作不负责任的表现。如果临时有特殊情况不能赴约，一定要及时通知对方，以便被拜访者重新安排工作。通知时一定要说明失约的原因，态度诚恳地请对方原谅，必要时还需约定下次拜访的时间。

到达相约的办公室或住所，要敲门进入。如果没有直接见到被拜访对象，拜访者不得擅自闯入，必须经过通报后再进入。待对方安排好以后，再与被拜访者见面。一般情况下，前往大型企业拜访，首先要向负责接待的人员交代自己的基本情况，告诉对方是预约好的，并进行自我介绍。为了便于沟通，还可同时递出自己的名片。

前往对方办公室或住所拜访，进入指定房间，待主人落座以后，自己再坐在指定的座位上，即要按对方引领就座。入座时，不要将皮包放在会客室的桌子上。如果是小号的手提包，可以放在椅子上，而较大的皮包应放在自己的脚边。交谈过程中忌随手翻看桌子上的书本或材料，或者摆弄对方的电脑等设备。在拜访过程中，时间为第一要素，拜访时间不宜拖得太长，否则会影响对方其他工作的安排。如果双方在拜访前已经设定了拜访时间，则必须把握好已确定的时间；如果没有对时间做具体要求，那么拜访时间以 30～45 分钟为宜，以免耽误被拜访者处理其他事务。

（三）告别的礼仪

把握告别的时机也是比较重要的。当正式会谈一结束就立刻离去并非上策，在某种意义上，正式会谈之后的闲谈，也包含在商务会谈的范围中。告别前要进行适当的寒暄，感谢对方的接待，然后握手道别。避免正式会谈一结束就立即提出告别，容易被误解为对对方的话语极不耐烦。

正式会谈结束而转为闲谈后，如果想离开，可寻找谈话的间歇，对对方说“今天非常感谢”，委婉地表示想要告别之意。当然，把事情谈完，发现对方精力不集中、心不在焉，或者有看表行为，则应寻找恰当的时机说出自己告别的愿望，这样会比较恰当和得体。提出告别后就要尽快离开，不要再三开辟新话题。

有些人道别时一直在门口喋喋不休地交谈，也会给对方增添麻烦。由于临别时的寒暄语已在房间里说过了，因此在门口的寒暄应尽量简短，然后尽快离去。走出大门之后，面对要将自己送到门口或电梯的对方，应说“请您留步”，以示告辞。

案例分析

良好的办公环境

两张照片分别是某上市公司董事长和某企业总经理办公室的照片，两间办公室装修风格不尽相同，但是同样拥有较大空间，装修典雅而又精致，办公室里整齐地摆放着各种办公家具和用品，在良好的采光和明亮的灯光的映衬下，整个办公室显得很整洁。

办公室作为处理日常业务的场所，其布置不是单纯地为了追求漂亮、气派，而首先应给人一种精神的引导。办公室良好的环境布置和工作秩序，有助于提高工作效率，也是单位文化的一种体现。办公室布置中的基本礼仪规范是清洁卫生、整齐有序、明亮安静，体现以“人”为本，强调为“人”服务。对本单位的人来说，办公室要舒适，家具用品要顺手，互相联系要方便；对外来者而言，进了办公室要感觉自在，不能因空间安排的零乱而使人找不着地方，不能因场地拥挤而使人产生局促不安的感觉。对照办公室环境礼仪，这两位领导的办公室显然完全符合规范。

思考与练习

【案例 1】 总经理让章立接待客人，访客是位与该公司有业务往来的另一家公司的年轻男子。章立将总经理的客人带到了会客室，并随后送去了茶水，他先给总经理上茶，然后给客人上茶。

请分析章立的做法，并结合办公室接待来访礼仪进行点评。

【案例 2】　药剂科张主任坐在办公桌旁正在审阅文件。医药代表张媛媛手提公文包，走到办公室门口。门开着，她用手连续敲了两下，张主任没有反应，她又连续敲了两下。张主任不耐烦地抬起头说："请进！"小张很自信地走到办公桌旁，说："张主任，您好！我是康盛公司的医药代表，我也姓张，叫张媛媛，这是我的名片。"同时双手递上了自己的名片。

请根据拜访礼仪知识对张媛媛的拜访行为进行点评。

即测即评

扫一扫　练一练

第六讲　会务礼仪

会务礼仪是因会议而产生的礼仪。会议，简而言之，就是相聚而议的意思。会议有狭义、广义之分。狭义的会议专指有组织、有计划地共同商讨、决定某种事项的集体活动；广义的会议泛指一切集会。这里的会议主要是指前者，也就是俗称的“办会”。办会是日常工作中必不可少的内容，同时也是非常重要的内容。这样的场合既是工作人员才智的集中体现，也是工作人员礼仪修养和礼仪业务水平展示的舞台，因此也有人把会务礼仪称为礼仪的“阅兵式”。

现代会务接待的概念已不再是简单的迎来送往、拎水泡茶，而是涵盖了从会前接站、会议准备、会间服务到会后工作等过程中全方位、立体化的服务，在这全方位的服务过程中可以体现出会议工作人员的礼仪素养。

一、会前接站

会前接站是指到车站、机场或码头接待与会者。会前接站服务伴随着会议产生，特别是现如今会议参与者来自不同地域，对于会议地点毫不熟悉的他们来说，会前接站显得十分必要。依据与会者的身份，接站的标准应当有所区别，重要领导、来宾，需要主办方领导或其授权人代表领导接站，一般与会者由会议工作人员接站。要做到准确无误的接送，就要做好充分的准备。接站工作看似简单，但其中有诸多细节需要注意，稍有疏忽则会影响全局。

某公司定于 2024 年 2 月 15 日在北京召开为期两天的新产品推广会，邀请了国内外十几家合作公司的管理人员、技术人员近百人参加。会议秘书袁梅负责安排接站报到工作，但因春节后客流量较大，她又缺乏经验，致使部分与会者没能找到接站处，费了很大周折才找到报到地点，因而损害了企业的良好形象。

上例中的工作人员因为工作疏忽，给远道而来的客人造成了不便。做好会前接站有必要做好如下准备工作：

（1）掌握与会者的名单（人数、身份，包括姓名、性别、年龄、职务、级别等）和抵达的准确时间。要备有足够的专用车辆，人、车要值班，要有良好的指挥调度能力，指挥调度人员要有一份与会者抵达时间表，所有车辆和人员要按时间、路线接送。

（2）确定接待的规格。接待规格一般应遵循对等或对应原则，即主要的迎送人员应与来宾的身份相当或相应。若由于特殊原因，主办方的相关人员不能参加迎送活动，导致双方身份不对等或不对应时，可以灵活变通，采用对口原则，即由职务相宜人员迎送，但应及时向对方做出解释，以免引起误解。

（3）必须提前到达迎接地点等候与会者，为了确保准时，要充分考虑交通和天气原因。可以提前给与会者发信息，告知你的位置；事先准备好接站牌，接站牌一定要清晰美观，接站牌的内容最好有承办单位名称，便于识别，也可加上“欢迎您”等字样。

（4）接到与会者要主动握手、问候。与会者到达时，迎接人员应迎上前去自我介绍，并主动与其握手以示欢迎。如果领导前去迎接重要的与会者，且双方是初次见面，可由接待人员或翻译人员进行介绍。通常先向来宾介绍主办方欢迎人员中身份最高者，然后再介绍来宾。主客双方身份最高者相互介绍后，再按先主后客的顺序介绍双方其他人员。寒暄过后，主人可帮客人提拿行李（若客人执意拒绝，不应强求）。

（5）请与会者乘车，到达预订宾馆。公务接待乘坐的车辆一般是专用车，司机则是专职司机。如果陪与会者同乘一辆车，要首先为最尊贵的与会者打开轿车的车门，等与会者坐好并整理好衣服后再关车门。在轿车礼仪中，最重要的问题就是轿车上的座次问题。

某钢铁公司邀请南京师范大学孙教授于 2024 年 10 月 15 日到公司做讲座。当天，公司派秘书和司机一起去接孙教授。当看到孙教授走过来的时候，秘书主动迎接问候，并将轿车的右前方车门打开，请孙教授入座，孙教授虽然有些意外，但是最终还是坐在了副驾驶座位上，而秘书自己却坐在了教授后侧的座位上，做起了“主宾”，自己却浑然不觉。

上例中的秘书虽然工作尽职尽责，但是由于缺乏礼仪知识，最终在乘车座次上弄巧成拙，贻笑大方。会务礼仪中确定轿车上座次的尊卑，应当全盘考虑开什么车、由谁开车、安全与否以及嘉宾本人的意愿等因素。

一是考虑轿车类型。轿车的类型不同，其座次的尊卑也不一样。若乘坐双排座轿车，驾驶座居左，由专职司机开车时，座次的尊卑应当是：后排上，前排下，右为尊，左为卑。具体而言，除驾驶座外，车上其余 4 个座位的顺序由尊而卑依次应为：后排右座，后排左座，后排中座，前排副驾驶座（见图 6－1）。需要注意的是，按照国际惯例，在乘坐由专职司机驾驶的轿车时，通常不应当让女士在副驾驶座上就座。由专职司机驾驶 3 排 7 座轿车时，车上其余 6 个座位（加上中间一排折叠椅的两个座位）的顺序由尊而卑依次应为：后排右座，后排左座，后排中座，中排右座，中排左座，副驾驶座（见图 6－2）。由专职司机驾驶 3 排 9 座轿车时，车上其余 8 个座位的顺序由尊而卑依次应为：中排右座，中排中座，中排左座，后排右座，后排中座，后排左座，前排右座，前排中座（见图 6－3）。在吉普车上，副驾驶座总是上座，后排座位，则讲究右尊左卑（见图 6－4）。

图 6－1　双排座轿车

图 6－2　3 排 7 座轿车

图 6－3　3 排 9 座轿车

图 6－4　吉普车

二是考虑驾驶者。何人驾驶轿车，是关系座次尊卑的重要参考因素。由专职司机驾驶车辆时，轿车座次的后排为上座，前排为下座。若是由商务人员的交往对象本人驾驶轿车，即所谓的主人开车时，情况就截然不同了。若主人开车，驾驶座居左，座次的尊卑应当是：前排上，后排下，右为尊，左为卑。

如主人驾驶双排座轿车，前排的副驾驶座为上座，除驾驶座外，车上其余 3 个座位的顺序由尊而卑依次应为：后排右座，后排左座，后排中座（见图 6－5）。需要注意的是，车上多人在座时，一般不应当让副驾驶座闲置，至少应当推举一人为代表，在副驾驶座上作陪。

由主人驾驶 3 排 7 人座轿车时，车上其余 6 个座位（加上中间一排折叠椅的两个座位）的顺序由尊而卑依次应为：副驾驶座，后排右座，后排左座，后排中座，中排右座，中排左座（见图 6－6）。

由主人驾驶 3 排 9 座轿车时，由尊而卑依次应为：前排右座，前排中座，中排右座，中排中座，中排左座，后排右座，后排中座，后排左座（见图 6－7）。如果除开车的主人之外，车上只有自己一个人，却偏要坐到后排去，那就意味着对主人极度不友好、不尊重。

图 6-5　双排座轿车

图 6-6　3 排 7 座轿车

在大中型轿车上，通常合“礼”的座次排列应当是由前而后，由右而左。其位次的排列，由尊而卑依次应为：第 1 排右侧右座，第 1 排左侧右座，第 1 排左侧左座；第 2 排右侧右座，第 2 排左侧右座，第 2 排左侧左座；第 3 排右侧右座，第 3 排左侧右座，第 3 排左侧左座；第 4 排右侧右座，第 4 排左侧右座，第 4 排左侧左座；第 5 排右侧右座，第 5 排右侧左座，第 5 排左侧右座，第 5 排左侧左座，如图 6-8 所示。

图 6-7　3 排 9 座轿车

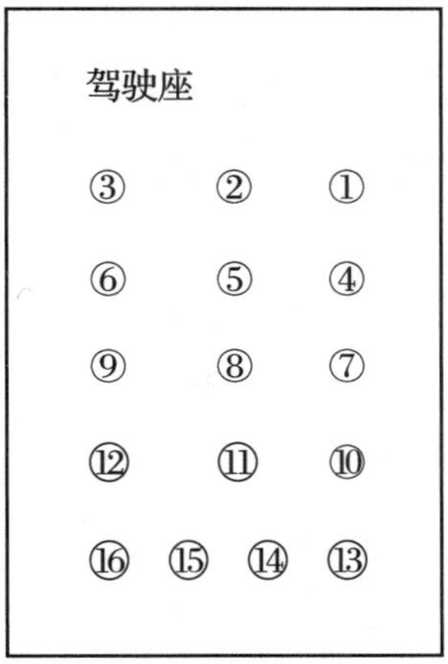

图 6-8　大中型轿车

三是考虑安全系数。乘坐轿车，除了迅速、舒适之外，安全问题也是不容忽视的。从某种意义上说，甚至应当将它作为头等大事来对待。通常认为轿车的座次应当后排为上座，前排为下座。这一规定的基本依据是因为轿车的前排座，即驾驶座与副驾驶座最不安全。因此，由专人驾车时，副驾驶座一般称为随员座，通常是随员、译员、警卫、助理坐于此；一般情况下不安排女士、孩子及尊长坐于此；有的城市出租车的副驾驶座甚至不允许乘客就座，也是出于安全考虑。因此，当主人开车时，副驾驶座作为上座，既是表示对主人的尊重，也是表示与主人同舟共济之意。

四是考虑嘉宾的意愿。在正式活动中，请嘉宾坐于上座，是对对方的尊重与礼遇，但更为重要的是，作为主人，要尊重嘉宾的意愿和选择，做到“主随客便”。嘉宾坐在哪里，即可认定哪里便是上座，有时即便嘉宾不明白座次礼仪而坐错了地方，也不用指出或对其纠正，这也是对客人尊重的一种表现。从总体上说，只要乘车者自己的表现合乎礼仪，就完全“达标”了。

但应当说明的是：在正式活动中，若宾主乘坐的不是同一辆轿车，依照礼仪规范，主人的车应行驶在前以开道和带路；若宾主双方的车有多辆时，依旧是主人的车辆在前，客人的车辆居后。它们各自的先后顺序，亦应由尊而卑地由前往后排列，只不过主方应派一辆车居后，以防客方的车辆掉队。

(6) 路途中适度寒暄。在宾主双方坐上车以后，作为主人，可以介绍当地的风土人情及会务活动的安排情况。通过嘘寒问暖，可以与与会者打破陌生感，营造轻松和谐的氛围。在这个过程中，语言要诚恳、亲切，要善于用自己的姿态、表情、感叹词或适当的应答等来回应对方，显示出接待方的大方、热情和礼貌。寒暄的内容十分广泛，如天气、身体、爱好和工作等。但是具体内容要有所选择，话题必须自然。比如同一个陌生人寒暄，可先说天气，再谈谈对方的口音、籍贯等，知道了对方的籍贯，话题也就有了。苏州的，不妨谈谈园林、昆曲等；北京的，不妨聊聊故宫、烤鸭等。如果是老乡，可以从家乡引出更多话题。寒暄的方式以赞美和肯定为主，不过多涉及悲伤、敏感或者隐私性话题，尽量避免质疑或者否定式语气，这样可以营造出一种融洽的气氛。

(7) 宾馆迎候并协助办理入住手续。在宾馆负责接待的工作人员要提前到达现场做好准备工作，不可让与会者滞留等待。

××市召开招商引资工作经验交流会议，通知参会人员第一天下午报到，第二天召开会议。负责接待的会务人员想，路比较远，参会人员不可能来得太早，下午两点上班再去迎接就可以了。谁知，路远的参会人员怕来晚了，出发得很早，刚过12点就到了。他们到达酒店后发现没有人接待，只好待在大厅里。这些参会人员打电话给负责接待的会务人员的上级领导，领导又把电话打到办公室。会务人员匆忙赶过去，看到提前到达的参会人员一个个不太愉快的脸色，心中很不是滋味。

当与会者到达目的地后，接待人员应协助与会者办理住宿手续，并向与会者介绍宾馆的服务情况。首先要把与会者引领到大堂，集中等候，然后协助全程办理入住登记手续。在办理入住登记手续时，接待人员需要和前台服务人员进行接洽，提供与会者的有效证件，确认入住的相关信息，获取房卡（见图6-9）。离开前介绍服务设施，告知注意事项。最后再提醒一下当日和次日的活动安排，送上事先安排好的日程表和大会提供的材料，并留下联系方式。

图 6－9

二、会务接待礼仪

(一) 会议前的准备

1. 会场布置

会议会场的布置，对于成功举办一场会议具有极其重要的意义，因此有必要在会前根据会议主题、会议参加人员对会场进行精心布置（见图 6－10）。一般来说，布置会场应注意以下几方面细节：

(1) 突出会议主题。用主题条幅或投影制作会标，并悬挂或投射在主席台后方。

(2) 营造会议氛围。会场内可以多放一些绿色植物或者会议桌上摆放一些桌花，会场内采用柔和灯光，营造和谐的会议气氛。

(3) 主席台上设置席卡，座位要保持相等距离，椅子用具要规范一致。在主席台右侧前可设讲台，用于发言人讲话。

(4) 桌面要整洁有序。座椅正前方摆放席卡，右前方摆放茶具或矿泉水，左前方可摆放面巾，在桌面正中间摆放会议材料和纸笔。如果有麦克风要摆放有序，以不遮挡就座人员的视线为宜。

图 6－10

2. 会议资料的准备

(1) 会前要将会议材料准备齐全，即会议的发言材料、文件和日程安排等要印刷装订好并装袋。

(2) 会议日程应标明会议各项活动的时间和地点，便于与会人员掌握会议信息。

（3）准备一份签到簿，以便掌握与会人员到会情况以及材料发放情况。

（4）在报到处的周围设立引导牌和标识牌，标明报到的具体位置。

（二）会议中的接待

会议接待要求水准高，容不得任何差池。

1. 接待人员

接待人员的服饰要整洁规范，女士要化淡妆，不宜打扮得花枝招展；指甲、头发、胡须、鼻毛修剪整洁；接待人员在等候期间不吃零食，不嚼口香糖，不看报纸，不玩手机等；微笑接待与会者，保持良好的工作情绪和状态；有人进入会场要起立相迎。在确认报到人员身份后，将预先准备好的文件袋（里面有文件、证件、餐券、住宿房间号码、文具等）发给报到人员。

2. 座次安排

大型会议通常采取主席台式的座次。主席台座次遵循首排为尊，以中为贵，中国传统习惯左高右低。主席台上人员总数是单数还是双数，座次排列略有不同，如图 6－11、图 6－12 所示。但国际惯例是右高左低。参会人员应以前排为尊、以远门为尊。发言席既可单设在主席台侧（站台），也可设在主席台上（坐台）。

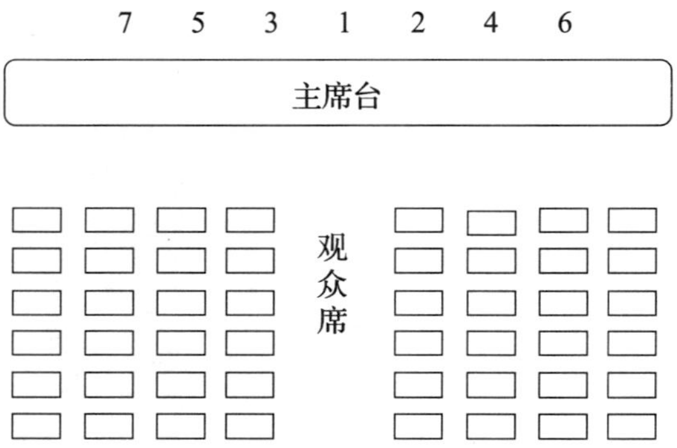

图 6－11

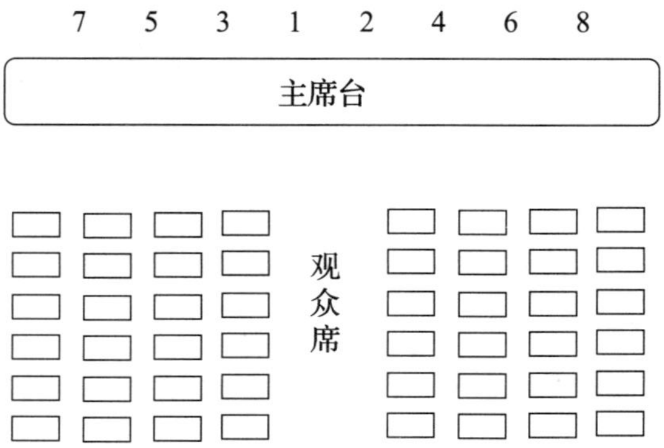

图 6－12

小组讨论座次遵循面门为尊、以中为尊、以左为尊、远门为尊、前排为尊等原则。如果是围坐在会议桌边，则面门为上、以中为尊、以左为尊，如图 6－13 所示。（说明："左""右"均以当事人互为参照，不以台下观众所视而定。其中的左右依据的是中国传统的方位原则，如果是涉外活动，则依据国际惯例。）

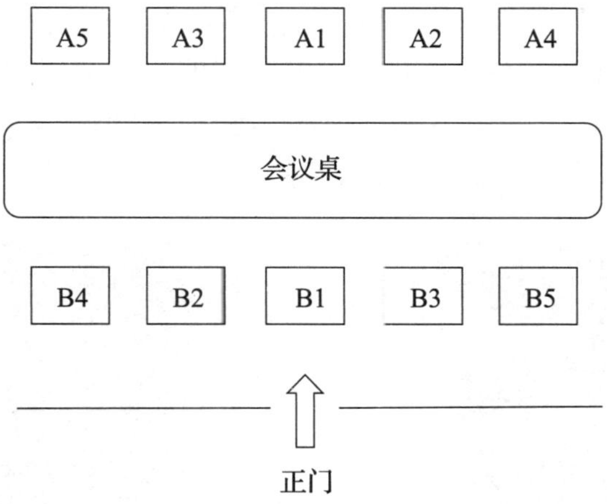

图 6－13

3. 迎接和引领

重要客人到来，主办方应提前 10 分钟在大门口或办公楼前等候迎接，并引领至会场。在引领的过程中，涉及很多礼仪细节，稍有不慎就会弄巧成拙。

一天，市物价局邀请某高校两位教授做讲座。当两位教授到达物价局的时候，局长派秘书小吴在楼下迎接，小吴看到教授主动迎上前握手并引领他们走向会场。在引领过程中，小吴考虑到要同时照顾好两位，所以他走在中间，一边走一边为他们介绍此次讲座的情况。到达电梯口，电梯门开后，小吴先进入电梯摁好按钮，然后请教授们进入，到达会场所在楼层，小吴第一个走出电梯。

从案例中可以看出，小吴工作虽然尽职尽责，但是缺乏礼仪知识，在引领过程中犯了很多错误，而自己浑然不觉。具体来说，在迎接和引领客人时要注意如下礼仪细节。

在引领客人时，二人并行，以右为上，即请客人走在自己的右侧，为了指引道路，在拐弯时，应前行一步，并伸手指引；三人同行，中间为上，右侧次之，左侧为下，随行人员应走在左边。如果接待众多来访者，应走在客人的前面，并保持在客人左前方 2～3 步的距离，一面交谈一面配合客人的脚步，避免独自在前、臀部朝着客人。引导客人应根据路线的变化，招呼客人行走的方向，如"请向这边走""请上楼"等。向来访者介绍情况或指示方向时，正确的手势是掌心稍微倾斜向上，四指自然并拢并伸直，拇指稍微弯曲，表示对客人的尊重。

如在引领客人过程中需要乘坐电梯，那么要特别注重电梯礼仪，遵循先出后进原则。先按电梯让客人进（见图 6－14），若客人不止一人，先进入电梯，一只手按“开”按钮，一只手按住电梯侧门，并和客人说“请进”。在电梯里，尽量站成“凹”字形，挪出空间，以便让后进入者有地方可站。进入电梯后，尽量侧身面对客人，以免造成面对面的难堪；若电梯行进间有其他人员进入，可主动询问要去几楼，帮忙按下；电梯内可视状况决定是否寒暄，若没有其他人员时，可略作寒暄，有外人或其他同事在时，可斟酌是否需要寒暄；到达目的楼层后，一手按“开”，一手做出“请”的手势，并说“到了，您先请”（见图 6－15），让他人先出电梯后自己最后一个走出。客人走出电梯后，自己立刻步出电梯，并热诚地引导行进的方向。

图 6－14

图 6－15

到达会议室门口，要主动为客人开门。朝里开的门，用右手轻轻推转右侧方的把手，顺势先进一步，同时换上左手握住门把，接着侧身向客人说“请进”，并且以右手做引导客人进入的手势。

朝外开的门，则用左手拉开门，身体站在门后，侧身向客人说“请进”，并且以右手做引导客人进入的手势。

如果是旋转式大门，应自己先迅速过去，侧身在另一边等候，向客人说“请进”，并且以右手做引导客人进入的手势。

4. 会议期间的服务

等与会人员入座就绪，会议开始前应关闭会场大门，开会期间关闭手机，一般不允许无关人员进入会场。会议期间最重要的服务就是倒茶，也可准备纯净水。如果准备茶水则应提前做好瓷器茶具的保洁和消毒工作，并且置好茶叶，因为不了解客人的口味，所以一般茶叶不宜放置过多。倒茶不要太满，以七八分满为宜。水温不宜太烫，以免客人不小心被烫伤。倒茶的顺序一般遵循从前往后，逐个进行；倒茶时杯盖要拿在指间（见图 6－16）或倒放在桌面上，添水时动作一定要轻缓。如果需要进入座位取杯，最好从与会人员的右后侧进入，以不打扰与会人员为宜，最后放回与会人员右侧，并注意杯柄要放在与会人员右手边，以便于与会人员拿取。需要注意的是，会议期间的服务要避免出现茶具不洁、倒水过勤或者过满等问题。

图 6－16

某高校举办大学生辩论赛，邀请校领导和多个部门的领导、教授担任评委。当晚从事会务服务的学生准备了一次性纸杯，并放置好茶叶。等评委们到达现场后，学生们把每只杯里都倒满了水，席间，评委们刚喝几口就会有学生过来把杯子续满，这份热情让评委们大呼受不了。学生们服务尽心竭力，殊不知，倒茶超过 3 次有逐客之嫌。

5. 休会期间的接待

会议休息时间，接待方要为与会者准备好茶水、咖啡等，有条件的还可以提供一些点心之类的休闲食品。为贵宾安排好休息室，为他们提供休息、喝茶的场所。贵宾如果结束发言后就离开会场，接待方应将他们送离会场。

三、主持礼仪

各种会议的主持人，一般由具有一定职务的人来担任，其礼仪表现对会议能否圆满举办有着重要影响。具体来说，需要注意以下几方面：

（1）主持人应衣着整洁，大方庄重，精神饱满，切忌不修边幅，邋里邋遢。

（2）走上主席台应步伐稳健有力。

（3）入席后，如果是站立主持，应双腿并拢，腰背挺直。单手持稿时，右手持稿的底中部，左手五指并拢自然下垂。双手持稿时，应与胸齐高。坐姿主持时，应身体挺直，双臂前伸，两手轻按于桌沿。主持过程中，切忌出现搔头、揉眼等不雅动作。

（4）主持人应口齿清楚，思维敏捷，言谈简明扼要。

（5）主持人应根据会议性质调节会议气氛，或庄重，或幽默，或沉稳，或活泼。

（6）主持人对会场上的熟人不能打招呼，更不能寒暄闲谈，会议开始前，可点头、微笑致意。

四、参会礼仪

正式会议，既是对会议组织者礼仪水平的考验，也是参会者礼仪水准的展示平台。会议是集体活动，一切行动应该服从会务组的统一安排，不可各行其是。作为一般与会者，在开会过程中应注意基本的礼貌和礼节。

（1）要遵守时间。一般在规定的会议时间之前五六分钟进入会场，不要迟到。进出有序，按会议安排落座。确有其他原因迟到的，要向主持人及与会者点头致歉。

（2）要讲究仪表。着装要整洁、大方、庄重，要精神饱满，切忌不修边幅、邋里邋遢。

（3）要举止得体。在参加会议时，坐姿要端正，不可东倒西歪或趴在桌子上，更不要搔首、掏耳、挖鼻、剔牙、剪指甲，甚至抖腿晃脚。

（4）要主动进行自我介绍。与会者落座后，相互之间可以主动握手或点头致意，并且进行自我介绍。

（5）要自觉遵守会议纪律。进入会场要主动关闭手机，不可随意中途离开，要认真听会，不应在会场随意走动，不应哈欠连天、打盹，或者玩手机，或者与邻座交头接耳。不允许拍照的会场要服从管理。

（6）要注重发言的礼节。上台发言时步伐应稳健有力，发言过程中，切忌出现搔头、揉眼、抖腿等不雅动作。发言时应口齿清楚、思维敏捷、简明扼要，把握好时间，不宜滔滔不绝。

（7）别人发言时不要打岔。如有问题可举手，经过会议主持人许可后再发言。如果被别人提问，要态度坦诚、实事求是地针对问题作答，不要闪烁其词，或嗤之以鼻。如遇不会或不便回答的问题，也要坦诚相告。

（8）休会期间，可以与熟人打招呼、交换联系方式、轻声交谈，但切忌大声说笑。

五、会后礼仪

（一）欢送礼仪

大型会议接待工作最后阶段就是欢送与会人员。一般要安排专人欢送，重要客人由接待方最高领导出面送别。具体需注意以下事项：

（1）接待人员提前为与会人员预订好车船票、飞机票，不要影响回程，解除与会人员的后顾之忧。对于重要的客人，接待人员应当准确了解来宾所乘交通工具的航班号、车次以及抵离时间，以便做好送站准备。接送站前，应保持与机场、车站、码头的联系，随时掌握来宾所乘航班、车次、船次的变化情况。如有晚点，应及时做出相应安排。

（2）送别人员应事先了解与会人员离开的准确时间，提前到达其住宿的宾馆，将其送往机场、车站或码头；亦可直接前往机场、车站或码头送别。对于重要客人：要指派专人协助办理相关手续及机票、车票、船票和行李提取或托运手续等事宜，在其临上飞机、火车或轮船之前，送行人员应按一定顺序同其一一握手话别。到车站、码头或机场送客时，要等客人安全登上所乘交通工具或者通过安检后再次向客人道别，祝福旅途愉快，目送客人离去，方可离开。

（二）材料工作

会议结束以后，接待方要做好会议相关材料的整理工作，以备保存。具体工作有以下几方面：

（1）整理会议记录。会后应及时对会议现场记录进行整理，处理现场记录中的字迹不清、表达不畅的内容，以保证记录的内容真实、清晰、准确、完整和规范。

（2）留存会议资料，以便于向与会人员分享。可以共享的电子资料应当发送到公共邮箱或者 QQ 群、微信群中，便于大家查询。

（3）做好会议的新闻报道工作。要重视会议的宣传，并配合相关人员做好这方面的工作。

（4）编制参会人员的通讯录。为了便于与会人员的联系和交流，会务组应准确核对与会人员的信息并编制通讯录，然后寄送或者以电子文档的形式分享给参会人员。

案例分析

从 G20 杭州峰会会场看会务接待礼仪

2016 年 9 月 4 日—5 日在中国杭州召开的 G20 峰会的主题为“构建创新、活力、联动、包容的世界经济”。20 国集团（G20）是一个国际经济合作论坛，属于非正式对话的一种机制，由原八国集团以及 12 个重要经济体组成。在杭州的 G20 峰会中，独特的富有杭州风韵的接待礼仪成为本次会议的亮点。

由大学生组建的“青荷”志愿者队伍身着蓝绿色调、融合杭州元素的志愿者服装，清新、婉约，犹如西湖的水、西湖的山，站在各自的岗位上为来宾服务。“青荷”志愿者的礼仪标准的其中几项是：一要面带微笑，笔挺地站立。二要问候打招呼时行15°鞠躬礼，接送客时行30°鞠躬礼。标准是两人对站，挺直的上半身往下折，当平视的眼睛能看到对方的脚时，便是15°鞠躬；能看到自己脚前约0.5米的位置时，是30°鞠躬。三要不露八颗齿，眼神要友善，仪态自豪大方。四要女性志愿者必须着淡雅妆容，整体妆容体现青春活力。五要随身腰包携带餐巾纸，洗手之后要擦手，不能乱甩水。六要鞋带系成蝴蝶结，T恤的纽扣扣下面两粒，外衣拉链拉到领口的缝线为止。

G20峰会作为国际会议，除了会场外的志愿者之外还有很多会场内负责引导的接待人员。引导工作是会务接待人员的必要工作，要求遵循以右为尊的原则：站在来宾的左前方，接待时四指并拢，拇指靠向食指，小臂端平，指示方向。表示“您好”时头部轻点，面带笑容。

在国际会务接待礼仪中，在反映和发扬本国优秀文化的同时，更要尊重他国文化，这就要求做到提前学习和了解。2016年G20杭州峰会反响良好，这与礼仪志愿者的得体表现是分不开的。

一直以来，合影站位都是大家热议的话题，很多人也因为合影时不合时宜地抢占“C位”而受到大家的诟病。合影站位往往透露出很多信息。合影站位礼仪的基本原则是“中为上”，即单数成员时，最重要的人居中，次之的在其左侧，再次之的在其右侧；双数成员时主要领导或嘉宾以居中偏右为上，次之的依然在最重要的人的左手位置。

合影礼仪是会务礼仪中的重要一环，小到校园毕业照，大到商务场合、国际场合，会务中的合影直观地展现了人物间的关系及身份地位等信息。

思考与练习

某兄弟院校要到我校调研大学生创新创业教育改革工作，对方参加调研的人员有副校长、教务处长（任职4年）、团委书记（任职1年）、教务处副处长和实践科科长。

请结合相关礼仪知识拟写一份接待方案。

即测即评

扫一扫　练一练

第七讲 服务礼仪

服务是一种无形的商品，其价值体现就是服务礼仪。服务礼仪是服务人员在工作岗位上通过言谈、举止等行为，对服务对象表示尊重和友好的行为规范。服务礼仪包括服务人员在服务过程中必须遵守的服务道德，规范的服务语言、服务态度、服务仪表，相关的服务技能，体现的服务质量、服务效率，以及在服务过程中规范的站、行、坐等的身体姿态要求。简单地说，服务礼仪就是服务人员在服务工作场合适用的礼仪规范和工作艺术。服务礼仪是各服务行业从业人员必备的基本素质之一，是体现服务具体过程的手段，能使无形的服务有形化、规范化、系统化。

礼仪的核心作用是体现人与人之间的相互尊重和友好，服务人员在服务工作中注重仪表、仪容、仪态和语言，发自内心地、热忱地向服务对象提供主动、周到的服务，可以赢得对方的理解、好感和信任，表达了对服务对象的尊重与友好。因此，服务人员必须明确和掌握服务礼仪的行为规范。有形、规范、系统的服务礼仪，是服务人员良好风度与个人素养的体现，这既是服务人员树立自身形象的需要，也是各行业提高社会效益、提升行业竞争力的需要。

一、服务礼仪的基本类型

服务礼仪是各类服务行业的从业人员在自己的工作岗位上应当遵守的礼仪，服务行业包括银行、电信、酒店、机场、旅游、航空公司等，服务行业的性质不同，服务礼仪的内容也存在一些差异。依据服务的场合不同，服务礼仪可以分为窗口类行政服务礼仪、大厅类服务礼仪、电话类通信服务礼仪、外卖快递类服务礼仪及志愿服务礼仪等。不管哪个服务行业或服务场合，服务人员都必须遵循服务礼仪的基本要求。

二、服务礼仪的基本要求

服务礼仪的基本要求包括服务人员的仪容、仪表、礼节、服务态度、服务技能、服务程序、服务标准等多方面的内容，直接反映服务人员的交际水平、知识视野和应变能力。服务人员服务效果的好坏，关系到服务人员能否立足服务行业，所在行业能否发展壮大、能否有效获得经济和社会双重利益。因此，作为服务人员，在服务过程中，必须遵循服务礼仪的基本要求，做到有礼有节、进退有序、处变不惊。

（一）明确服务意识

服务意识是指服务人员在和一切与所在单位利益相关的个人或集体的交往中所体现的主动、热情、周到的服务对方的意愿和自觉行为。要明确服务意识，必须做到以下几个方面。

1. 树立顾客至上的服务理念

在社会经济大潮下，激烈的市场竞争，其实就是对客户的竞争，客户的评价和口碑的好坏直接影响销售市场的大小。越来越多的企事业单位特别强调客户服务，把顾客至上作为最重要的服务理念，在服务中主动靠近客户，以客户的需求和利益为中心，最大限度地满足客户的需求。因此，良好的服务礼仪成为企事业单位竞争力的重要组成部分。

2. 提供“三心二意”周到服务

服务人员在为服务对象提供热情周到的服务时，必须做到“三心二意”。“三心”即“耐心”“关心”“爱心”，“二意”即“善意”和“诚意”。

（1）“耐心”是指服务人员面对繁忙的服务工作时，要有耐心，做到不急躁、不厌烦；尤其是在面对没有礼貌的服务对象时，更要做到不争辩、不吵架。

（2）“关心”强调的是主动服务，这是服务礼仪最基本的要求。作为服务人员，在服务过程中，要热情主动，时时处处自觉为服务对象服务。在服务时做到主动问候、主动招呼、主动介绍、主动征求意见，以表达对服务对象的关心。

（3）“爱心”要求服务人员在工作中怀着一颗仁爱之心为服务对象提供热情、周到的服务，语言亲切、热情好客。以海纳百川的心态为来自不同地区、不同职业、不同背景的服务对象提供服务，要让服务对象感到亲切和温暖。

（4）“善意”是指从服务对象的实际情况入手，重视对方，把客人放在第一位，随时关注客人情况，在服务对象开口前先开口询问。重视对方的要求、感受，并快捷地解决服务对象的需求。

（5）“诚意”是指服务人员要善于从服务对象的表情和神态变化中了解服务对象的意图，理解服务对象的观点和需求，设身处地地为对方着想。

3. 养成乐观自信的服务心态

服务人员在服务岗位上难免会遇到被拒绝、被嘲讽等不被理解的状况，有时候甚至会产生一些矛盾，或者导致正面冲突，热情、细致的服务得不到平等的回报，心里会觉得不平衡。对此，服务人员要保持良好心态，对自己的服务充满自信，不被他人的看法所干扰；同时也要提高自己的服务质量，在工作中学会总结经验，努力提高自己的服务水平。

（二）掌握服务规范

所有服务行业都有一定的服务要求和规范，作为服务人员，熟练掌握服务规范，可以为服务对象提供标准化、正规化的周到服务。服务规范主要包括以下几个方面。

1. 服务语言规范

语言是人类所特有的用来表达思想、交流情感、沟通信息的基本工具。在服务工作过程中，服务人员在同服务对象的整个接触过程中始终离不开双方的语言交流。服务人员的语言运用能力，既体现着自己的服务水准，又直接与自己所在单位的精神风貌密切相关，所以，服务人员在服务工作中必须自觉地遵守相关服务语言规范。简单地说，服务人员在服务工作时间要讲普通话；接待服务对象时，语言要文明，禁止使用伤害感情、激化矛盾、损害形象的语言。

2. 服务态度规范

服务人员在工作过程中要主动热情地接待服务对象；要主动热情、耐心周到地回答服务对象的问题，对服务对象的疑问要尽可能地解释全面；服务对象提出意见、建议和批评时，要耐心听，不争辩，做到有则改之，无则加勉；服务对象出现误解或出言不逊时，要做好解释工作，不要与其争论不休。

3. 服务仪表规范

服务人员在工作过程中应着装整洁得体，不得穿背心、拖鞋、短裤，提倡男士穿西装打领带，女士穿西装套裙，有规定制服的，服务人员工作时必须穿制服；工作时仪表举止要端庄大方，站姿要端正，女士发型要求简洁干练，女性长发要束发或盘发，不遮住眉毛，忌在公共场合梳理头发；男士发型的具体要求是前发不覆盖额头一半，侧发不遮盖耳朵，后发不长于后发际线，鬓角不长于耳朵的中部，禁止烫染形色怪异的头发，时刻保持清洁整齐。

4. 服务设施规范

服务人员工作环境中的相关设施要规范有序，相关规章制度等资料要准备齐全，以便做宣传及解答；公共环境要保持清洁，办公用品要摆放整齐。

（三）常用“十字礼貌用语”

在服务礼仪中，服务人员要运用热情洋溢的语音语调提高服务对象的语言感受，要运用礼貌用语彰显对服务对象的尊重。在服务礼仪中最常用的礼貌用语就是“十字礼貌用语”，即“您好”“请”“谢谢”“很抱歉”“再见”，这是服务行业最基础的礼仪要求。

“您好”：这是服务开始阶段的用语，是一种沟通前的礼貌问好行为，即使在沟通过程中，也经常会用到这个词以提醒对方注意。

“请”：常用于服务人员要求服务对象做事情的时候或者请对方配合自己工作的时候。

“谢谢”：当服务对象按照要求去做某件事或者配合服务人员工作的时候，就必须说“谢谢”。

“很抱歉”：服务过程中如果服务对象感到不满或不愉快的时候，服务人员最常用的礼貌用语就是“很抱歉”，但在整个服务过程中，这个词的使用最好不超过三次，最高限度是不要超过五次。

“再见”：这是一种礼貌性的结束用语，表达本次服务过程的结束。

“十字礼貌用语”是所有服务人员最常用的礼貌语言，用一句话概括使用场景和要求就是：沟通开始有问声、要求客户有请声、客户配合有谢声、麻烦客户有歉声、沟通结束有送声。服务人员在工作过程中只要运用得体，就能提高服务质量，给客户一种礼貌服务的体会和感受。

（四）把握服务距离

服务人员在工作过程中会涉及个人空间问题，个人空间是无形的，但它又是实际存在的。不同文化背景或民族差异、社会地位和年龄差异、性格差异、性别差异、情绪状态和交往场景差异等都影响着交往距离，所以服务人员要注意上述差异，在工作过程中和服务对象保持适当的距离。

（1）直接服务距离。服务人员为对方直接提供服务时，根据具体情况确定与服务对象的距离，一般以 0.5 米至 1.5 米为宜。

（2）展示距离。服务人员为服务对象进行操作示范时，二者的距离以 1 米至 3 米为宜，即以对方能看清楚为宜。

（3）引导距离。服务人员为服务对象引导带路时，一般在服务对象左前方 1.5 米，同时以左手示意，太近或太远均不合适。

（4）待命距离。服务人员在服务对象未要求提供服务时，应与对方自觉保持 3 米以上的距离，但要在服务对象的视线之内，以备随时为对方提供服务。

三、不同类型服务礼仪的要求

服务礼仪的本质是要表达对服务对象的尊重，在人际交往过程中，人们一般对尊重自己的人有一种本能的亲切感和认同感，尊重可以使对方在心理需要上感到满足、愉悦，从而产生好感和信任。不同行业的服务礼仪的基本要求是一致的，但由于服务的场合、性质不同，又有着各自特殊的要求。

（一）窗口类行政服务礼仪

窗口类行政服务工作直接面对的是人民群众，工作人员的一言一行关系到党和政府在人民群众心目中的形象。“群众至上、服务至上”是当今政务机关窗口对外服务的精髓。作为窗口服务人员，必须熟悉高品质服务的规范和流程，提高办事效率。因此，作为政务窗口服务人员除了要有熟练的业务知识外，还必须具备良好的仪容仪表，并掌握规范文明的服务用语。

笑相迎是指窗口服务人员在提供服务时要主动问候，神态亲切自然、面带微笑、目光温和；举止得体、落落大方；使对方感到亲切、愉快。

请入座、礼貌问是指语言要礼貌周到，多说“请”字，少说“不”字；并以手示意邀请对方入座，以真诚的态度为对方提供服务。

在递接物品的时候一定要起立并用双手递接，用自己的专业能力熟练地为对方处理相关的业务，耐心地解答对方的疑问；事务处理完毕后，及时邀请对方对自己的行为进行评价，以积累经验，不断提高业务水平。和对方道别后，以目光送别对方，同时等待下一位被服务者。

服务礼仪是无形的，但却是可以被感知的。窗口服务工作人员只要用心对待服务对象，以合乎礼仪的言行让对方感到被尊重，就会提升客户的满意度，获得服务对象的好评，提升相关部门的良好形象和社会影响。

（二）大厅类服务礼仪

企事业单位的办事大厅是组织形象的门面和窗口，因此大厅服务礼仪体现了企事业单位的文明程度、管理风格和道德水准，对企事业单位来说尤为重要。优质的大厅服务礼仪可以塑造良好的服务形象，可以给企事业单位带来良好的经济效益和社会效益。

首先，要主动服务。面带微笑，亲切主动地为服务对象提供服务，做到主动问候、主动征询、主动提示、主动帮扶，树立客人第一的观念，把客人需求作为一切行动的出发点，即当客人有需求时要及时响应，要做到所有的服务对象都有人负责、都有人接应。

其次，要做好“四心”服务。细心观察客人的举动，真心对待客人的需求，耐心听取客人的倾诉，用心解决客人的困难。以自己的热忱和礼貌关怀和帮助服务对象，全心全意为客户服务，帮客户之所需，急客户之所急。

再次，注重细节服务。关注细节，为服务对象提供细致入微的个性化服务。在工作过程中发现特殊的需要帮助的服务对象时，比如带孩子的客人、行动不便的客人，要及时为对方提供服务；在发现服务对象有疑问或不满时，要及时安抚对方的情绪，提供帮助，并化解处理问题。

最后，礼貌迎送。大厅服务礼仪有始有终，客到有请、客问必答、客走道别，以谦恭亲切的语调迎送每一位服务对象。

（三）电话类通信服务礼仪

在现代网络社会，网络沟通、购物等已成为普遍现象，服务人员在自己的工作岗位上，时常都有可能利用电话、网络同服务对象进行沟通交流，由此形成了电话客服和网络在线客服行业，作为服务人员，必须了解和掌握电话客服和网络在线客服礼仪。

1. 电话客服礼仪

电话客服人员除了掌握基本的电话礼仪之外，还必须注意以下几个方面的礼仪：

第一，问候礼仪。在三声铃声内接起电话，面带微笑，使用礼貌用语并主动问候。常用的开场方式是“您好！欢迎致电××客服中心，我是客服代表×××，很高兴为您服务，请问有什么可以帮到您?”，或者带有时效性的问候，“早上好，中国银行连云港分行，请问有什么可以帮您的吗?”，有时候客服人员可以报自己的工号；然后是了解客户信息，客服人员需要主动询问客户的称呼，如“先生，请问您贵姓”；对待客户提出的问题，在礼貌称呼之后进行正确的应答，常用语是“刘先生，您好，关于您提出的问题……”；如果未能正确领会客户的意图需主动与其确认，可以说“王女士，您是说……对吗?”。

第二，等待礼仪。在为客户提供服务的过程中，经常会出现需要顾客等待的情况，如订单查询、账单查询、送货情况查询、附加产品信息问询、相关政策查询等，让客户等待时，客服人员首先应该告诉客户等待的原因，如“××女士/先生，正在为您查询，请您稍等”。同时给客户一个明确的等待时限，如“刘先生，就您所提的这个问题我要查询相关具体资料，请您稍等1分钟好吗?”。若在规定的时间内还未找到客户需要的信息，则需要告知客户还需要多长时间，询问客户是愿意继续等待还是稍后由客服人员回电解答，如果客户选择稍后回电，则要谨记在规定时间内回电。

在客户等待的过程中，客服人员要严格把等待时间控制在约定时限内，同时说话要特别注意，不要在等待中说出不恰当的话；如果需要等待的时间较长，则可以与客户适当地谈论相关话题。

第三，转接礼仪。当客户寻找指定人员或者问题需要其他专业人员解决时，则需要为客户转接电话，转接电话时客服人员应当向客户解释转接的原因，并询问客户是否介意电话被转接，如“王女士，就您所提出的问题我会转至对这方面比较了解的同事那里，由他给您做专业解释，您看可以吗?”。转接电话挂断之前确定被转接电话处有人接听，并告知大概问题和客户的信息。被转接人接听电话后应对客户的等待表示歉意或者感谢，并复述客户的问题，常用表达是“刘先生，我是××部的×××，不好意思，让您久等了，就您所提到的……”。

第四，结束礼仪。电话的结束也是对本次服务的总结，所以不能忽视电话结束礼仪。一般结束电话时有两种情况，一种是顺利解决了客户的问题，一种是需要再跟踪联系给予答复。

当客户问题一次性得到顺利解决时，客服人员首先要主动询问是否还有其他问题需要帮助，常用说法为“××先生/小姐，请问您还有其他问题吗?”，然后感谢客户来电并欢迎客户随时致电，常用说法为“××先生/小姐，谢谢您的来电，欢迎您随时来电”。若需要客户评价时，常用说法为“感谢您致电客服中心，为了提高服务质量，能耽误您一点时间为我刚才的服务进行评价吗?（用户回应‘好’）感谢您的支持和配合，祝您生活愉快，再见”。

如果客户的问题没有得到解决，需要再跟踪联系给予答复，则在结束电话时要向客户致歉，并告知客户回复的时间，常用说法为“××先生/小姐，不好意思，麻烦您耐心等待一下，三个工作日内我们会给您答复的……”；并要感谢客户的来电，让客户先挂断电话，然后在系统中详细记录谈话内容、客户特殊需求以及进一步的要求。

2. 网络在线客服礼仪

随着电子商务的发展，网络在线客服发展迅猛，短短几年的时间网络在线客服的数量就超过了电话客服。网络在线客服承担着企业与客户首次沟通的重要任务，因此网络在线客服人员必须具备良好的沟通技巧，掌握相关在线客服礼仪。

第一，极速回复客户，留下良好印象。作为在线客服人员，必须在黄金时间内明确回复客户，如果没有在黄金时间内回复客户，会让客户感到失望，从而对企业或产品产生不信任感。所以，当客户打开聊天界面的时候，在线客服人员必须第一时间送去亲切的问候，如“在呢亲，有什么可以帮您的?”，“您好，很高兴为您效劳，请问有什么可以帮您的?”等。虽然问候很简单，但是客户会感觉客服是专业的，客服所在的企业也是可靠安全的。随时都可以联系到客服，客户心里更踏实，这样能给客户留下良好的第一印象。

第二，聆听客户的心声，拉近彼此的距离。当有客户在线咨询时，表明客户有需求，这就要求在线客服人员能够快速处理用户信息，理解用户真实需求，并将客户想要表达的意思弄明白，充分理解客户的意思，有针对性地回答客户的问题，迅速为客户提供解决方案并帮助客户解决问题。当面对不是特别紧急但想要了解更多产品信息的客户时，应耐心地解答客户问题，多使用场景语气词“王先生”“李女士”等拉近彼此之间的距离。

第三，真诚对待客户，推荐合适的产品。在线客服人员接待客户时态度一定要热情、有礼貌、有耐心，不管客户是否会选购产品，其态度都要保持一致。在线客服人员的服务态度要好，要像对待朋友一样真诚地为客户服务，给予客户全面客观的建议，尤其是当客户在选择商品犹豫不决时，客服人员要用自己的专业知识帮助客户分析、对比不同产品的特征，让客户充分了解商品，以便于选择，从而赢得客户的信任。

第四，耐心对待客户，有条理地回复客户问题。一般情况下，在线客服人员在进行服务时可能会同时服务多个客户，有的客户比较焦急，希望能第一时间得到客服人员的回复，有的客户可能打字不太熟练，速度会稍慢一些，也有的是因为咨询过程中客户出现临时状况离开了一会，这时就需要在线客服人员不要心急，耐心等待客户回应，为客户一一解答。

第五，巧用汉字和表情符号，提供贴心周到的服务。在线客服人员可以利用网站在线客服系统中的一些表情符号，让话语更显生动，比如在说“你好”的时候可以加上微笑的表情，在回复“呵呵”“嘿嘿”的时候可以加上吐舌头或者捂嘴笑的表情等。

在线客服人员在回复客人问题的时候可以多打几个字，如“嗯”可以写成“嗯嗯”，“请稍等”可以写成“请稍等噢”，以表达对客人的尊重与热情。客人要离开的时候记得多说几句话，例如，白天的时候可以说“亲，可以站起来活动活动啦”，晚上的时候可以说“亲，早点休息哦，这样皮肤会更好”等，让客户感受到在线客服人员的贴心服务。

（四）外卖快递类服务礼仪

随着网购的普及，外卖快递业务量大增，方便快捷的外卖快递服务被越来越多的人接受和喜爱，外卖员、快递员也成为市场中常见的服务性职业。作为新兴的服务人员，外卖快递人员也要规范自己的各种行为，增强责任心，以表达对客户的尊重与友好，即其在服务过程中要注重仪表、仪容、仪态，运用礼貌用语，发自内心且热忱地向客人提供主动、周到的服务。具体来说，外卖快递行业的服务礼仪应注意以下几方面。

第一，外出配送时注意形象，衣着整洁，尊重他人。外卖快递人员外出配送物品时，仪容仪表应端庄整洁，保持自身良好形象。上班期间穿好工服，衣着整洁、无破损，可以穿布鞋、运动鞋或皮鞋，严格禁止穿拖鞋、背心等有损形象的服装上岗；女性不留怪异发型，不浓妆艳抹，可适当化淡雅的妆容；男性不剃光头或蓄长发；工作期间不可饮酒，要注意保持口气清新，不能吃有异味的食品，以体现对客户和职业的尊重。

第二，按址送达，放置别处提前沟通。外卖快递人员配送物品时，要轻拿轻放，以免摔坏包裹内的物品；严格按照快递单上收货人的地址配送，不能随意放置在提货点以及快递柜内，如需投放要先与收货人沟通，待收货人同意后再放置。

第三，配送物品保证时效，超时配送事前告知。外卖快递作为一项时效性很强的服务项目，送达时间是否准确、及时最能体现服务质量的高低。因此，外卖快递人员应将遵守时间作为最重要的职业准则。外卖快递人员有时会同时送很多物品到负责的区域，为了客户的利益不受损害，一定要保证在指定时间内送到，如果延误了物品的递送，应及时打电话向客户说明情况，并在最短时间内将物品送达。

第四，上门配送重隐私，双手递接显尊重。外卖快递人员要保护客户隐私，禁止泄露客户信息；送物品到客户住宅时，先按门铃或敲门，物品送到办公场所时，无论门是否打开，都应按门铃或者敲门。按门铃时间不超过 3 秒，等待 5～10 秒后未开门可以再按第二次；敲门时应该用力适度，用食指或者中指连续轻敲 3 下，等待 5～10 秒后再敲第二次。在等候开门时，应站在距门 1 米处。

递送物品要用双手，并说“×××先生/女士，这个是您的快件，请您确认一下”。如果客户发现物品损坏、部分遗失、货件不符等情况，不能与客户发生任何争执。

工作完成之后，要辞谢和道别可以说“谢谢您，希望下次再次为您服务”。此时，眼睛一定要看着客户，即使客户背对你或者低着头，也要让对方清楚听到，离开时把门轻轻带上。

第五，手机保持畅通，礼貌用语挂嘴上。外卖快递人员应时刻保持手机畅通，及时接听电话。接打电话时，都应马上告知自己的身份；结束通话时，让对方先挂电话，自己后挂电话。

在通话过程中要专心，严禁边吃东西或者边喝饮料边打电话，如果必须分神来照顾其他事情，必须向客户解释清楚并请客户稍等。与客户通话时，尽量减少其他声音的干扰。

外卖快递人员在服务过程中要注意使用“十字礼貌用语”。说话要清晰，音量要适中，态度要和蔼、自然，同时要注意倾听，不左顾右盼，不打断对方。服务中忌回答“我不会”“我不能”“我不知道”“我不负责”“我只是送货的”等内容，回答不了的问题，应主动引导顾客拨打服务热线。在客户服务语言里没有：

（1）“我不会”。正确的回答是“我们能为您做的是……”。

（2）“我不能”。正确的回答是“看看我能够为您做什么”。

（3）“我不知道”。正确的回答是“我请示之后回答您……”。

（4）“我不负责”。正确的回答是“我很愿意为您做……”。

（5）“我只是送货的”。正确的回答是告诉客户你能做什么，并且很愿意帮助他们。

作为一名外卖快递人员，上岗前必须了解基本工作规范，掌握相关的服务礼仪，以便工作顺利展开，并维护良好的企业形象。

（五）志愿服务礼仪

1993 年，团中央启动实施中国青年志愿者行动，经过 30 多年的发展，“奉献、友爱、互助、进步”的志愿服务精神日益深入人心，志愿服务作为一种生活方式，融入许多人的日常生活之中。志愿服务是现代社会文明进步的重要标志，志愿者在开展志愿服务期间，除了热心与热情之外，还需要了解与掌握礼仪的相关知识，这样才能提供更周到、更细致的服务。主要包括以下几方面：

第一，着装得体，整洁端庄。志愿者在志愿服务中着装应整洁得体，妆容端庄、落落大方，不浓妆艳抹，特殊情况应按规定统一着装。

第二，心态健康，热情大方。志愿者在志愿服务中应保持良好的精神面貌，面带微笑，体态优雅，态度端正，调整好心态，有责任心，做到真诚奉献，不求回报，始终满腔热情地做好各项志愿服务工作。

第三，相互尊重，团结协作。志愿者在志愿服务中要自觉服务，服从调配，尊重组织，尊重同伴，尊重服务对象的人格和隐私权，团结协作，体现个体素质，发挥志愿者的整体作用。

第四，了解对方，按需服务。志愿者在志愿服务中要充分了解服务对象的文化背景和风俗习惯，提供相应服务；在志愿服务中要关心关爱特殊群体，避免涉及敏感话题，尽己所能提供帮助，保护对方的自尊心，提升对方的幸福感。

第五，掌握技能，专业服务。做志愿服务，既要懂得志愿服务礼仪，也要懂得交往礼仪和个人礼仪，如基本的站姿、坐姿、引领等方面的礼仪知识。志愿者要做到对服务对象友好、友善和礼貌，要学会换位思考，多站在对方的角度考虑问题，这既是对对方的尊重，也是个人良好风貌的展现。

案例分析

五星级酒店服务打折

一天上午，某公司在一家五星级酒店的多功能会议厅召开会议。其间，该公司职员李小姐来到商务中心打印文件，因文件较多，李小姐要求打印一份，之后复印。

“全部按打印收费。”商务中心的服务员说。

“你们这样收费不合理吧?”李小姐不悦地反问。

“这是我们酒店的规定。”服务员出口便说。

李小姐气得付完钱就走了。心想：五星级服务，难道就是这样的吗?

本案例中的服务员不具备一名合格商务职员的基本素质。接待服务工作是一门综合艺术，是非常讲究接待服务方法和技能的。要提高服务质量，服务人员必须接受专业的训练。

思考与练习

【案例 1】　现在人们已经习惯了网上购物，很多商家也特别在意顾客的评价。刘军经常在网上买东西，很少给商家差评，但这一次，他给了商家一次差评。原因是刘军在某网店买了一个产品，在和客服反馈问题时，却迟迟得不到反馈，问题一直得不到解决，因此给了差评。

对此，你怎么看？此外，你怎么评价很多商家使用机器人客服?

【案例 2】　王先生到某咖啡店喝咖啡，当时人很多，王先生找了一个位置坐了一会就到前台买咖啡，三分钟后回到之前的座位，发现座位被别人坐了，这时候有位服务生走过来跟那位先生说：“先生，不好意思，这个座位刚才这位先生已经坐了。”然后王先生坐下享受咖啡，他觉得这是一家咖啡店应该做的。

你怎么评价这家咖啡店员工的这种行为?

即测即评

扫一扫　练一练

第八讲 餐饮礼仪

古人云：“民以食为天”。随着社会的发展和生产力的提高，人们在“食”的方面不再仅求果腹，“食”早已成为一种社交活动的形式，以及展示自己良好修养的平台。因此，不论是在食堂解决基本生存需求，还是在饭店宴请宾朋，都要遵循一定的餐饮礼仪。如果不懂得这些餐饮礼仪，就可能使个人形象大打折扣，而且可能影响在餐桌上的沟通效果。所以，餐饮礼仪不仅是人们必备的基本素质，也是社会交往和事业发展的重要条件。

一、中餐礼仪

中餐，是中式餐饮的简称，是指用餐中享用的食物是按照中国传统制作方法烹饪的，具有中国特色和风味，并且用餐时遵循的是中国传统的礼仪习俗。中式餐饮的类别如果按照用餐规格划分，可以分为正宴、便餐、家宴、工作餐和自助餐；按照餐具使用方法划分，可以分为混餐式、分餐式和公筷式。中餐礼仪由于用餐规格的不同，形成了不同的礼仪规范，其中以正宴最为典型。

（一）正宴的礼仪

1. 宴请时空选择

确定正式宴请的时间，主要遵从民俗惯例，而且要从自己的客观能力出发，讲究主随客便，并对具体时长进行必要的控制。宴请日期的确定，有时可按主人的需要安排，如企业开张、友人聚会等；有时随客人因素决定，如接风、送行等；有时可以是主人、客人都方便的时间，如商业聚会等。以多数宾客能来参加为确定宴会时间的准则，同时要考虑主要宾客最合适的时间。由于世界经济一体化，中国加入 WTO，对外贸易蓬勃发展，许多公司需要与外商接触，而邀请外国人要了解他们的饮食习惯与禁忌。要尽量避开宾主双方不方便的时间，如重要的活动日、纪念日、节假日或某一方不方便的日子等。在商务宴请中，比较正式的宴请通常是晚餐，而不是午餐。午餐通常是工作餐，晚餐通常是放松心情、联络感情的时间。通常只有重要人物的见面才会安排在早餐时间，如很多跨国公司的总裁会把重要的商业见面安排在早餐时间。如有可能，应提前与主宾商量一下，力求双方方便，也可提供几种时间供其选择，以表示自己的诚意。

在社交聚餐时，用餐地点的选择也是非常重要的，环境不好宴请会大打折扣。宴请不仅是为了“吃东西”，也是“吃文化”。在可能的情况下，争取选择清静卫生、环境优雅、菜肴有特色、交通便利的饭店。一般情况下，可以请熟悉的人去不熟悉的饭店，请不熟悉的人去熟悉的饭店。如是熟人（包括家人、朋友等），则可以去以前没去过的饭店尝尝鲜、探探路；而请不熟悉的和重要的客人则要求对整个点菜服务质量等了然于胸，最好去熟悉的饭店。提前询问你的客人是否有某些饮食方面的偏好，如是否属于素食主义者等，事前确保你选择的饭店符合客人的口味。

2. 赴宴注意事项

宴会是一种社交形式，赴宴是交际者经常性的活动之一，其中有许多值得注意的礼节，如果不注意这些礼节，则会给自己或主人造成尴尬。

王小杰忽然接到同学张忻的电话，问他什么时候来参加宴会。这时王小杰才想起自己答应今晚参加他的生日宴会，于是匆匆忙忙赶到聚会地点，发现来的人很多，有一些相识的同学，但也有很多不认识的人。王小杰一整天在外奔波，衣服穿得很随便，加之连日来事情很多，脸上也满是疲惫之色。当王小杰走进宴会厅时，看到别人都衣着光鲜、神采飞扬，不觉心里有点不快，后悔自己勉强过来参加宴会，所以脸色更是难看，没有一点笑容。张忻过来和王小杰打招呼，王小杰表达了祝福之后，便坐在一旁喝了几杯啤酒，也不想与其他人寒暄，坐了一会便借故离开了。

上例中，王小杰在宴会前因没有做好准备，造成了自己与大家格格不入，是一次失败的交际经历。赴宴时有诸多注意事项，具体如下：

（1）仪表整洁，要适度地进行个人修饰。总的要求是整洁、优雅，富有个性。一般而言，男士可穿套装，并剃须；女士则应穿时装或旗袍，并化淡妆。倘若不加任何修饰，甚至仪容不洁、着装不雅，则会被视为不尊重主人，不重视此次聚餐或宴请。此外，无论天气如何炎热，都不能当众解开纽扣、脱下衣服，冬天则要把大衣脱下放在衣架上。

（2）赴宴时间安排的惯例是“准时晚到制”。其中有两层含义：第一，赴宴一定不能早到，以防主人还未做好迎宾的准备，但可以准时到达。准时到达时，如果主人还未准备好迎宾，那就是主人失礼，与客人无关。第二，赴宴最好是晚到几分钟，这样更可保证主人已经做好了迎宾准备。但这种晚到又不是长时间的迟到，让主人和其他嘉宾久久等候。如果是大型招待会，晚到时间可以放宽到25分钟。如果你与主人关系密切，则不妨早点到达，以帮助主人招待宾客或做些准备工作。

（3）注重交际。抵达宴请地点时，首先跟主人握手、问候致意。对其他客人，无论相识与否，都要笑脸相迎，点头致意，或握手寒暄，互相问好；对长辈、老人，要主动让座请安；对小孩则应多加关照。万一迟到，在你坐下之前，应先向所有客人微笑打招呼，同时说声抱歉。餐前餐后不要忘记尽可能地进行适当的交际活动。交谈的话题应该是轻松、愉快、健康的，而令人倒胃口、难以接受的话题最好不谈，例如不要谈论死亡、疾病、凶杀或让人不悦的内容。

（4）在宴会正式开始前，主人与主宾大多要先后致祝酒词，这就意味着宴请将正式开始。宴会开始或结束都要听主人的招呼，没有宣布开始，不要动筷子；没有宣布结束，即使吃饱了，也不能擅自离席。散席时，要与主人道别，不要悄无声息地离开。

3. 宴请的点菜艺术

宴请一定要注意主宾的口味和喜好，在体现饭店特色的同时还要注意主宾的地域特点、地方禁忌、职业禁忌和个人禁忌。如果不想自己点菜，也可以在确定用餐标准后，请领班帮助点菜，领班对自己餐厅的菜肴非常了解，让他安排能够保证客人品尝到饭店的特色菜肴，而且在菜肴的搭配上也会比较合理。点套餐或包桌的费用、菜肴的档次和数量相对固定，省心省事。如果自己被宴请，在主人让你点菜时，可以告诉主人随便点，如果推辞不掉，就尽量点一个价格适中且能适合在座诸位口味的中档菜，再请其他人点。别人点的菜，无论如何都不要挑三拣四。一般来说点菜时应遵循如下原则：

（1）识风味。你要了解这家饭店的特点，属于哪个菜系，这个菜系的特点是什么，哪些菜是这个菜系的招牌菜或者是目前流行的菜式。也可向服务员打听本店的特色菜，参考他的建议进行点菜。

（2）识价格。要根据聚餐的人数和费用合理选择适当的菜肴。基本上保证一人一菜，外加一汤和一两样点心就可以了。在用餐时现场临时点菜自由度较大，可以兼顾个人的消费水平和口味。

（3）识新鲜。点清淡菜肴强调时令新鲜，一些重口味的“下饭菜”要注意原料是否新鲜，避免商家用调料掩盖劣质食材的味道和品质。

（4）识组合。一般整桌菜要搭配合适，可点荤素、浓淡、干湿多种烹饪方法组合的菜肴，尽量不点用同样手法烹调的两种菜肴，或者不点主料相同的菜肴。点菜时除了要分配各种烹调方法外，也要注意口味是否重复，甜酸、麻辣、盐酥等口味要适当搭配。

4. 宴会席位排列

在中餐礼仪中，席位的排列是一项十分重要的内容，它关系来宾的身份和主人给予对方的礼遇，所以受到宾主双方同等重视。

（1）桌次排列。在中餐宴请活动中，往往采用圆桌布置菜肴、酒水。采用一张以上圆桌安排宴请时，便出现了桌次的尊卑问题。桌次排列的原则是：面门定位、以右为尊、以远为上、以近主桌为上。

排列圆桌的尊卑次序，一般会遇到两种情况：一种情况是由两桌组成的小型宴请。这种情况下，又可以分为两种形式：横排和竖排。当两桌横排时，其桌次以右为尊，以左为卑，这里讲的右与左由面对正门的位置决定；当两桌竖排时，其桌次则讲究以远为上，以近为下，这里的远近以距离正门的远近而言，如图 8-1、图 8-2 所示。

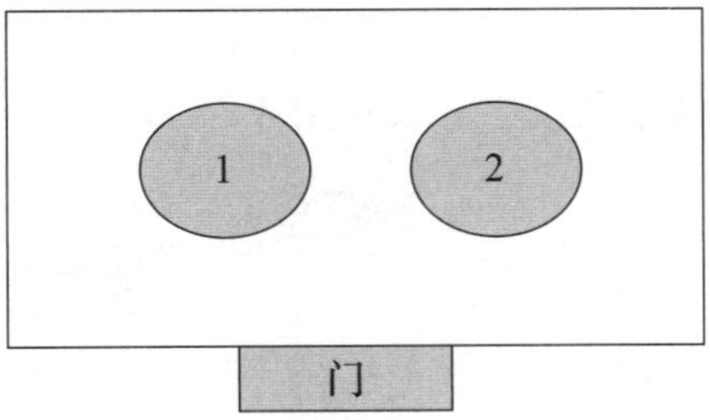

图 8-1

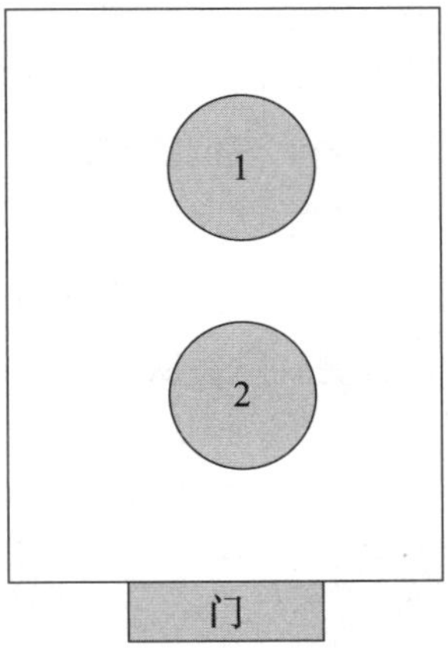

图 8-2

另一种情况是由三桌或三桌以上的桌次组成的宴请，通常又叫多桌宴请。每桌都有一位主人和招待人负责照应，招待人两侧的座位是留给本桌上宾的。一般来说，台下最前列的正中一桌是为贵宾和第一主人准备的，为主桌。赴宴者如果不是主宾，最好不要贸然入座。其余桌位通常距离主桌越近，桌次越高；距离主桌越远，桌次越低。这项规则也称“主桌定位”。所以，在安排多桌宴请的桌次时，除了要注意“面门定位”“以右为尊”“以远为上”这 3 条原则之外，还应兼顾其他各桌距离主桌的远近。多桌宴请桌次如图 8-3 所示。

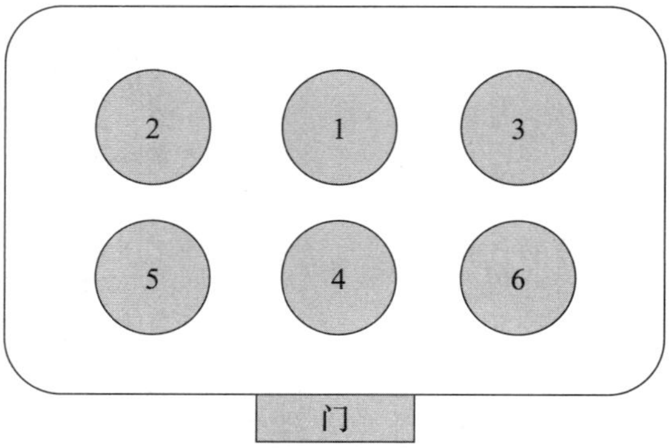

图 8-3

如果桌数较多，为了确保赴宴者及时、准确地找到自己所在的桌次，可采用以下 4 种辅助方法：第一，在请柬上注明对方所在的桌次；第二，在宴会厅入口悬挂宴会桌次排列示意图；第三，安排专人引导来宾寻桌就座；第四，按序号编排桌次，依次在每张餐桌上摆放桌次牌。主桌的座位应摆放席卡。在安排桌次时，所用餐桌的大小、形状大体相仿。除主桌略大之外，其他餐桌不宜过大或过小。

（2）位次排列。在进行宴请时，每张餐桌上的具体位次也有主次尊卑之别。排列位次的基本方法为：面门为上；主人面对正门而坐，中座为尊；以右为上，观景为佳。具体排列又可分为两种情况，它们的共同特点均与主位，即主人所坐之处有关。第一种情况是餐桌上一个主位的排列方法，即本桌只有一名主人和一名次主人（秘书等），主宾在主人左、右手就座，桌上只有一个谈话中心（见图 8－4）。第二种情况是每桌两个主位的排列方法，即同一桌有第一主人和第二主人，或者男、女主人，主宾们分别在两位主人左、右侧就座，从而每桌在客观上形成了两个谈话中心（见图 8－5）。

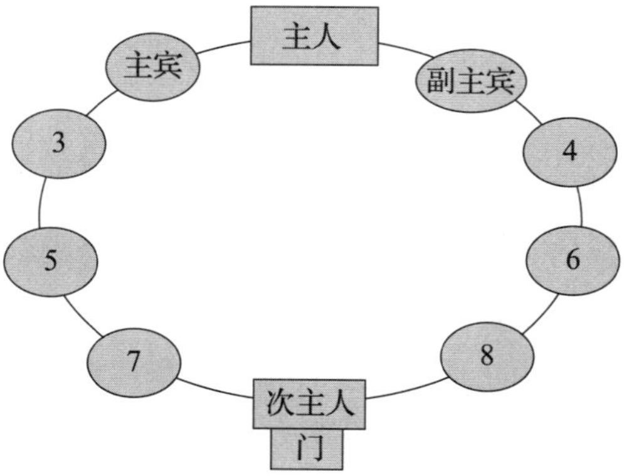

图 8-4

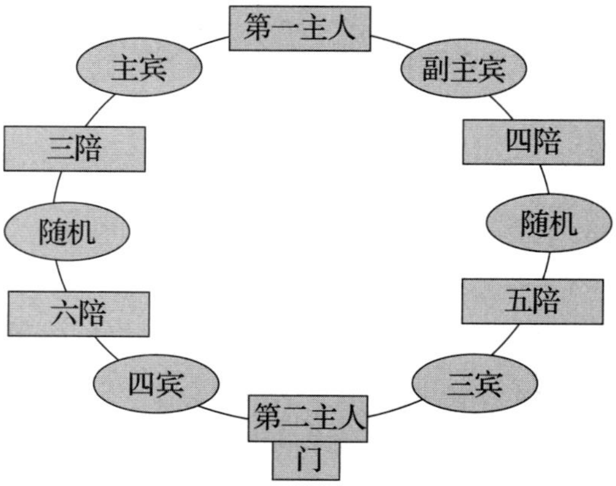

图 8-5

在国际交往场合和商务交际场合，中餐习惯于按职务和身份高低排列席位；如果夫人或女士出席，通常将女士排在一起，即主宾坐在男主人右方，其夫人坐在女主人右方。其中有几种变通方法：如遇主宾身份高于主人时，为表示对主宾的尊重，可以请主宾坐在主人的位置上，而主人则坐在主宾的位置上，第二主人坐在主宾的左侧或按常规排列。

5. 各种餐具的使用方法

一般餐具的摆放如图 8－6 所示。在正规宴会上，使用餐具要优雅，讲究礼貌。在使用常用的餐具时要注意细节，而对于不熟悉的餐具，如果不懂使用方法而乱用，那么就会出现令人尴尬的场面。

图 8－6

(1) 餐巾的用法：主宾坐定后，主人、主宾先取出餐巾，其他人才可使用餐巾；餐巾摊开后，放在大腿上，切勿系入腰带或挂在西装领口；用餐完毕，将餐巾叠好，不可揉成一团。通常而言，餐巾不应随便带走，赠送的擦手巾除外。

(2) 筷子的用法：不论筷子上是否残留着食物，都不要用嘴吮吸，在取菜前尤其要注意；不要向桌子对面的客人处扔筷子或其他餐具；夹菜时不要一路滴汤，更不要让筷子沾满食物。暂时不用筷子时，可以放在筷座上，或搭放到自己用的碗或碟子的边缘，不要直接放在桌子上，也不要横放在其他器皿上。筷子不宜交叉放置，也不宜反放，不插放筷子，不“舞动”筷子与人交谈。不可用筷子敲击碗、盘，更不可以用筷子指点对方。不知夹什么菜时，不要用筷子在菜盘上游动，也不要将筷子插入菜盘深处。

(3) 勺子的用法：勺子的主要作用是舀取菜肴，尤其是流质食物，如汤等。暂时不用勺子时，应该把它放在自己的食碟上，不要直接放在桌子上或者食物中。如果取用的食物过烫，不可用勺子翻来翻去，更不要用嘴巴对它吹风降温。在食用勺子盛来的食物时，尽量不要把勺子都放到嘴里，更不要反复吮吸。用勺子取菜时，不要盛得太满，免得菜溢出来弄脏桌子或衣服；用勺子取菜时可稍微停留片刻，等汤汁不流时再移向自己。

(4) 食碟的用法：食碟用来暂时放置从公共菜盘中夹取的菜肴，不要一次取太多的食物放在食碟内，也不要将多种菜肴堆放在一起。吃剩的骨头、鱼刺等不要吐到地上，也不要吐到桌子上，应该放到食碟前端，堆放过多时，服务员会为你更换新的食碟。

（5）碗的用法：碗是用来盛放主食、汤羹等食物的。在食用碗内的食物时，可用筷子、匙等辅助，不要直接用手，也不能直接用嘴吸食。碗内的食物剩余不多时，不要直接全部倒进口中，也不要用舌头舔，更不能将碗扣着放在餐桌上。

（6）茶具、酒具的用法：一般来说，饭桌上的瓷杯是用来饮茶的，玻璃杯是用来饮酒的，玻璃杯中的小酒杯是用来饮白酒的，直筒杯（一般放置餐巾的地方）是用来饮啤酒和饮料的，高脚杯是用来饮红酒的。

（7）湿毛巾的用法：在宴会开始时，餐厅提供的湿毛巾是用来擦手的，一般不要用它擦脸、擦嘴和擦汗，否则会贻笑大方。使用后，毛巾要放回原处，由服务人员取走。有时餐厅还会在饭后提供湿毛巾，这是用来擦嘴的，不要用它擦脸和擦汗。

（8）水盂的用法：上龙虾、鸡、水果时，会送上一只小水盂，其中漂着柠檬片或玫瑰花瓣，这是用来洗手的。洗手时，可两手轮流沾湿指头，轻轻涮洗，然后用小毛巾擦干。洗手后，不要乱甩、乱抖。

（9）牙签的用法：尽量不要当众剔牙。不得不剔牙时，要用一只手掩住口。剔出来的食物残渣不要观看，也不要再放回口中，更不能随处乱弹或者随口乱吐。剔牙后，不要长时间叼着牙签。

6. 进餐过程中的礼仪

宴会期间的一切举止谈吐都应当端庄、文雅、得体。要谨记“有所不为”，避免出现尴尬的局面。

严飞去参加同学聚会，聚会时气氛非常热烈，大家都在回忆过去的美好时光。吃饭时，严飞发现小武吃饭时发出“吧唧、吧唧”的声音，还边吃边说，唾沫横飞。吃完后，小武伸了伸懒腰，还打了一个响嗝。

张健在宴会开始后，为了吃得畅快，在座位上先是脱掉西装外套，后来又摘下领带。在用餐过程中，他一边嚼东西，一边与左右的人说话，手中的筷子还在空中不断挥舞，时不时地劝同学喝酒。在就餐将结束时，他可能吃东西塞牙了，直接用手抠牙齿，满手沾的都是口水，之后竟然用抠过牙的手直接拿水果吃。

上例中小武和张健的不雅举止不仅影响个人形象，也影响共同进餐的同学们的心情，显然缺失基本礼仪。

进餐过程中的具体礼仪规则如下：

（1）入席后坐姿要端正，不可把臂肘放在桌子上，也不宜高声谈论，或摆弄餐具、手机。等主人说过祝酒词后，与全桌人一起开始进餐，切勿坐定后就立即动手取食。

（2）用餐过程中，每道菜都要请主宾、长者先品尝。招待客人时不要反复劝菜，更不宜夹菜，只需介绍菜肴的特点。如果要表示好客之情，想夹菜给客人，要注意观察客人对菜肴的喜恶，恰当地给客人添加喜欢的菜肴，更能增进感情。

（3）喝汤忌发出声，吃东西要闭嘴。喝汤时用汤匙，不要以嘴就碗；夹菜忌在盘子里乱翻，对不合口味的菜，不要有难看的表情。口中有东西时不说话。如果咬了一口太热的食物，不要吐出来，可以迅速喝一口水或饮料。异味入口时，不必勉强吃下去，但也不要引起同桌进餐人的不快。这时，最好的办法就是用餐巾纸把嘴盖住，快速地吐到餐巾纸上，然后尽快处理掉。

（4）敬酒要谦恭。敬酒可以随时在饮酒的过程中进行，提议者应起身站立，右手端起酒杯，或者用右手拿起酒杯后，再以左手托扶杯底，面带微笑，目视自己的祝酒对象，杯口要低于尊者、长者的。敬酒时，通常还要讲一些祝愿、祝福之类的话，说完后，将酒一饮而尽或喝适量，然后还要手拿酒杯与对方对视一下，敬酒过程才算结束。

（5）用餐过程中不能“宽衣解带”。例如脱去外套、松开领带、捋起袖子，甚至放松腰带、挽起裤管、脱下皮鞋等，这样无异于自毁形象，同时也是失敬于人的表现。如果在大庭广众下控制不住要打哈欠，一定要马上用手捂住嘴，接着说“对不起”。在餐桌上咳嗽、擤鼻子应节制，如果无法控制，最好用自己的手巾或手捂住鼻子，或暂时离席解决后再入席。

（6）吃剩的菜、用过的牙签放在盘内，不要放在桌上。最好不要当众剔牙，如果剔牙要用手或餐巾遮口。

（二）便餐的礼仪

便餐一般以四五人为宜，宴请的时间和空间选择余地更大一些，更随性一些。可以就近用餐，也可以根据个人的喜好选择餐馆。点餐时，以本地特色菜和餐馆特色菜为主，也可以根据个人餐饮习惯来选择餐食。便餐用餐时，可能由于聚餐的人数比正式宴请的要少，或用餐的人大多熟悉，人们往往忽略了一些礼仪规范。实际上，在便餐中注意用餐礼仪，更能显示中餐礼仪的惯常性特点。便餐由于人数有限，交流也就更充分一些，要注意把握交流的话题和交流时的情绪。便餐在座次的排列上应注意以下事项：

（1）右高左低，中座为尊。当两人并排就座时，通常以右为上座，左为下座。这是因为中餐上菜时多以顺时针方向为上菜方向，居右而坐者因而要比居左而坐者优先受到照顾。三人一同就座用餐时，居于中座者在座次上要高于在其两侧的就座之人。这种座次排列方法叫作“中座为尊”。

（2）面门为上，观景为佳，临墙为好。用餐时，有人面对正门而坐，有人背对正门而坐，依照礼仪惯例，应以面对正门者为上座，以背对正门者为下座，这就是所谓的

“面门为上”。在一些高档餐厅用餐时，在其室内往往有优美的景致或高雅的演出，可供用餐者观赏。此时，应以观赏角度最佳之处为上座，此即“观景为佳”。在某些中低档餐馆用餐时，为了防止过往服务人员和食客的干扰，通常以靠墙之位为上座，以靠过道之位为下座，这种方法即“临墙为好”。

（三）自助餐的礼仪

自助餐的基本特点是不排座次，菜肴集中摆放，由用餐者在现场自由选择。因其可以在用餐时调动用餐者的主观能动性，由其自己动手，在既定的范围之内选用菜肴，所以自助餐最重要的礼仪是“量力而行”，以免浪费。有经验的食者在吃自助餐之前，一般先整体上观察一遍，看哪些菜对自己胃口，然后根据个人食量取餐。一次不可取太多，吃完后再去取用，避免在自己面前同时摆放多个盛满食物的餐盘。

取餐时按照餐厅设定的方向顺向行进，不可逆向行进，取餐的人较多时，需排队，不可插队。如果前面有人在取餐，不妨耐心地等一会儿。如果是聚餐，应等同桌所有人都取完菜落座后一起用餐。吃剩的果皮等杂物应放在盘里，不应直接倒在桌子上。不得将所取的食物带出餐厅。

二、饮茶礼仪

中国是茶的故乡，有着悠久的种茶历史和“客来敬茶”的民俗。早在三千多年前的周朝，茶已被奉为礼品与贡品。到两晋南北朝时，客来敬茶已经成为人际交往的基本礼仪。唐代颜真卿《五言月夜啜茶联句》中有“泛花邀坐客，代饮引情言”；刘贞亮赞美“茶有十德”，认为饮茶除了可健身外，还能“以茶表敬意”“以茶可雅心”“以茶可行道”。当今社会，客来敬茶更成为人们日常社交中常见的往来礼仪。“有朋自远方来”，还是要沏上一杯香茗招待朋友；遇到开茶话会，搞各类庆典活动，人们往往也愿用茶点招待；在正式宴请场合，饭前餐后饮茶必不可少。品茶对于中国人而言，是一种文化底蕴的显示，如果这方面做得不好，就会影响个人形象。

张老师带领学生前往某公司参观，该公司老总是张老师的大学同学，所以特别热情。一行人来到公司的接待室，同学们有的静静地坐着，有的则在接待室里到处参观，随意评论。这时，工作人员用精致的陶瓷杯为每位同学倒了一杯茶水，用茶盘托着，依次放在同学们面前，并轻轻地将茶杯柄转到同学们的右手边。这时，只听一位同学“啊”的一声，并大声说：“这么烫！”“哐”的一声，差点没把杯子扔地上。又听一位同学小声嘀咕：“怎么是红茶？我平时都是喝绿茶。”这时，张老师有点坐不住了，干咳了几声。有的同学领会了张老师的提醒并互相示意，于是这才安静下来。

上例中张老师之所以坐不住，主要是因为自己学生的失礼行为，不仅在接待室随意走动、议论，而且在喝茶方面也没有注意适当的礼仪，因此感到尴尬。饮茶礼仪是餐饮礼仪的重要组成部分，具体而言，需要注意以下几方面：

（一）选茶的礼仪

茶一般可以分为六大类，即红茶、绿茶、青茶、黄茶、黑茶、白茶。各类茶都具有与众不同的特色，而不同的人往往对茶又有着各不相同的爱好。以茶待客，当然应该投客所好。所以沏茶之前，最好先征求客人的意见，根据客人的爱好或要求来选茶。

如果客人没有特殊要求，则遵循一般原则。春饮花茶，具有驱寒邪、促进阳气上升的功效；夏饮绿茶，具有清热解毒、强心止渴的功效；秋饮青茶，具有消除体内余热、重生津液的功效；冬饮红茶，具有助消化、补益身体的功效。

（二）装茶的礼仪

所谓装茶，指的是向客人的杯（碗）中放入茶叶。装茶礼仪主要涉及两个问题：一是茶具必须完好、清洁。一套完整的茶具，一般包括茶杯（碗）、茶托和茶盘等物。当然，由于具体条件的限制，有些时候往往没有茶托或茶盘。完好指的是每一样茶具都不能有破损，清洁指的是每一样茶具都要洗净，尤其是茶杯或茶碗中的茶垢一定要洗净。二是装茶之前要先洗手。因为装茶是需要用手来操作的，将手洗干净，不仅是卫生的需要，更是对客人的尊重。装茶时应用茶匙，即便洗过手了也不应该用手去抓茶叶。

（三）上茶的礼仪

上茶时可由主人向客人献茶，也可由工作人员或服务人员直接向客人上茶。主人向客人献茶时应起身，用双手将茶杯（碗）递给客人，同时道一声“请”。客人亦应起身，用双手接过茶杯（碗），同时道一声“谢谢”。工作人员或服务人员上茶时，一定要注意上茶的先后顺序。在客人与主人之间，要先给客人上茶；在客人与客人之间，要先给主宾上茶。有两位以上客人时，用茶盘端出的茶色要均匀，并要左手捧着茶盘底部，右手扶着茶盘的边缘。上茶时应以右手端茶，从客人的右方奉上，并面带微笑，眼睛注视对方。如有点心，茶杯应摆在点心右边。

（四）斟茶的礼仪

斟茶指的是往茶杯（碗）中加入沸水，可以是开始沏茶时加入沸水，也可以是初次沏茶之后间隔一段时间再往茶杯（碗）中续上沸水。无论是哪种情况，都一定不能将水斟满，因为中国人待客的礼节是“浅茶满酒”“酒满茶半”，如果斟满杯（碗），则有厌客或逐客之嫌。在斟茶过程中，作为客人应该有所示意，或起身，或欠欠身，或用弯曲的食指或中指轻轻敲击桌面三下，以示谢意，这叫“金鸡三点头”。斟茶时客人视若无睹或无动于衷，都是不合礼仪的。

（五）劝茶的礼仪

以茶待客时，通常是一边饮茶一边叙谈。这中间，主人可以而且也应当适时地向客人劝茶。劝茶时态度要热情，但要注意免生误解。因为中国茶文化讲究茶不过三杯，第一杯叫敬客茶，第二杯叫续水茶，第三杯叫送客茶，因此再三劝茶有逐客之嫌。

（六）饮茶的礼仪

俗话说，吃有吃相，睡有睡相。饮茶也一样。无论是客人还是主人，饮茶时都应慢慢地小口细心品尝，切忌大口大口地吞咽茶水，或者喝得“咕噜、咕噜”直响。端起茶杯时，应当右手持杯耳。端无杯耳的茶杯，应以右手握茶杯中部，不要双手捧茶，或以手端起杯底，或用手握住茶杯杯口。使用带杯托的茶杯时，可以只用右手端起茶杯，不动杯托。也可以用左手，将杯托连茶杯一起托至左胸高度，然后右手端起茶杯饮之。此外，饮茶时如遇水面有漂浮的茶叶，可用茶杯（碗）盖将其轻轻拂去，或用嘴将其轻轻吹开，切不可用手将其捞出，又随手扔在地上。

三、西餐礼仪

顾名思义，西餐是指西方国家的餐食。西餐的准确称呼应为欧洲餐食或欧式餐饮。随着国际交往的增多，公务活动中吃西餐也逐渐成为一种常规活动。但是在用餐方面，不同的国家或文化常存在着许多差异，你认为礼貌的举动，如代客夹菜、劝酒，欧洲人可能会感到很不文雅，因此掌握基本的西餐礼仪是非常有必要的。

（一）座次礼仪

吃西餐一般使用长桌，在没有经过主人或服务员的指示前，不要随便入座。座位安排遵循交叉排列的原则：男女交叉、各方人员交叉排列。同一桌上座位的尊卑以距离主人座位的远近而定，如图 8－7 所示。

（二）餐具的摆放及使用

西餐宴席在餐具摆放与使用等方面与中餐宴席有明显区别。

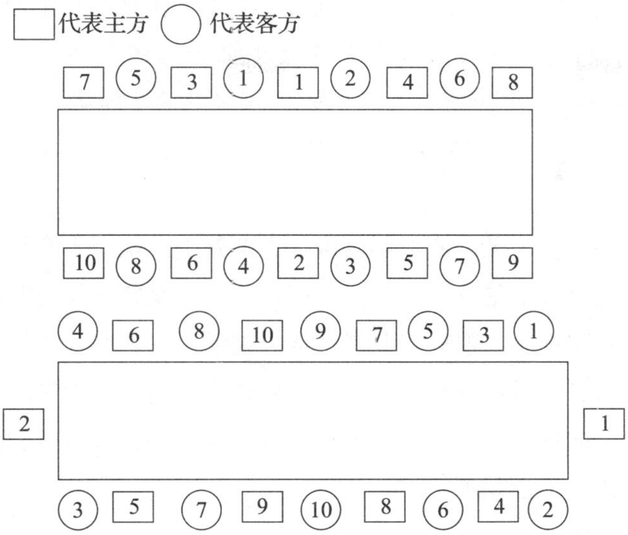

图 8－7

1. 刀叉的使用方法

用餐前，西餐餐具摆放的规矩是：展示盘（垫盘）或叠好的餐巾摆放于餐位正中，展示盘两侧的刀、叉、匙要排列整齐，或平行，或直线，距桌边距离相等，刀刃要一律朝向垫盘的一侧，一般餐刀均放在垫盘的右侧。各类匙放在餐刀的右边，匙心朝上，餐叉则放在垫盘的左边，叉齿均朝上。餐具与菜肴相配，根据食用菜肴的先后顺序，从外向内依次码放。一个席位一般摆放 3 副刀叉。面包刀又称黄油刀，专供抹奶油、果酱用，而不是用来切面包的，一般放在客人左边的面包碟上，只放一把，不可与竖放的刀、叉交叉。

用餐时，通常右手拿刀，左手拿叉。当食用肉类料理等坚硬食物时，双手轻轻握住刀柄或叉柄部分，再将食指置放于刀、叉背即可。当食用鱼料理等柔软食物时，轻轻地握住叉柄部分，刀子则轻轻握住即可。如果想把食物聚集起来，不用移动刀子，只需用叉子将食物往刀面聚集即可。舀东西的时候，使用叉子正面处来舀食物即可。餐刀、餐叉与桌面保持 15 度，角度太大或太小都会妨碍就餐。应安静地使用餐具，勿发出碰撞声。不可将刀刃面向他人，不要舔沾在刀子上的酱汁。要说话时请先将餐具放下，千万不要在交谈时，手在空中挥舞刀叉。刀叉掉了，不要捡，由服务员更换新的。

暂停用餐时，切忌把刀叉一起放到盘中。在西餐中，依照刀叉放置方式的不同，可传达用餐中或者用餐完毕的信息。服务生依照这个信息来判断是否要收拾盘子，如果在用餐过程中想休息一下或和朋友聊会儿天，或要喝酒、喝水时，应将刀叉呈八字形搭靠在自己的餐盘上。服务生看到这样的摆法，就知道你只是暂停用餐。

用餐完毕，刀叉的摆放规矩是：把刀和叉并排放在一起，刀柄和叉柄均朝向自己的胸部，刀刃部分向内，叉面朝下。

2. 餐巾的使用方法

餐巾的主要作用是擦拭因用餐而弄脏的嘴角和手，不用时可平铺在腿上防止食物掉在裤子或裙子上。当主人拿起餐巾以后，客人方可取出。

在点餐后，第一道菜尚未上桌之前，请先将餐巾展开，对折或是折三折，将折痕朝向自己放于膝盖（见图 8－8），而不应该放在桌上盘碟的下面。中途离开座位时，可将餐巾稍稍折叠一下置于椅子上或盘子的旁边，并应趁着上菜的空当向同桌的人打声招呼。用餐完毕，将餐巾叠放在桌子上即可（不用叠得很整齐）。但要避免“扔”这个动作。

图 8－8

在使用餐巾时应避免一些不雅的使用方法：除儿童外，一般不必挂到脖子上或像围兜一样围挂在胸前，会让人感觉很孩子气。不要挂在椅背上，因为很容易掉到地上。不要将用过的餐巾弄得皱巴巴的。不要用餐巾擦脸，它是用来擦嘴和手的。用餐巾擦嘴时动作要轻，不要夸张地用力去擦，别沾上口红的痕迹。如果你或你的同桌不小心把食物撒到了桌上，不要用餐巾去擦，应当让服务员来处理。

3. 洗指碗的使用方法

洗指碗，通常在正规的晚宴上才能看到。服务员通常在上必须用手拿着吃的菜或甜点之前，会送来洗指碗。洗指碗通常是用玻璃做的一个小碗，装 3/4 碗温水，有时还会放一些柠檬或花瓣做装饰物，服务员会把它放在盘的中央（见图 8－9）。使用洗指碗时，把手指在水中洗一下即可，然后用餐巾擦干。这个动作不要太大，要优雅一点。

图 8－9

（三）点餐礼仪

在点西餐时，首先从餐前酒点起，再决定是点套餐还是单点，最后再搭配料理并选择适合的葡萄酒。如选择单点，在点餐结束之后也可继续加点起司、甜点、咖啡、餐后酒。点餐时，需衡量用餐人数。单点时要考虑分量，单点料理一盘的分量会比套餐一盘的分量多一些。请先斟酌自己的食量后再决定点餐的分量，所点的分量尽量是可以吃掉的。正规西餐的上餐顺序依次为开胃菜、汤、海鲜、主菜、甜品、水果、红茶或咖啡等。

在西餐厅预先订下菜单宴客，当客人到齐准备开始上菜时，主人应将菜单的内容向客人做介绍，并询问其中有无客人忌食的餐点，以适时更换。若客人均无意见，主人最好把安排这套菜单的理由向所有客人做出说明。

（四）用餐礼仪

国际上有女士优先的原则，西餐宴会上女主人未入座，别人也不能入座。女主人把餐巾铺在腿上说明宴会开始；反之，女主人把餐巾放在桌子上，则说明宴会结束。用餐过程中的礼仪需要勤加练习，养成良好的习惯。只有掌握了基本用餐礼仪，才能胸有成竹、从容应对各类场合。

1. 开胃品

在欧美地区，人们多习惯在进餐之前，在大厅、酒吧或休息室等处，借开胃品喝些鸡尾酒。开胃品在法语中原意是指主菜以外的辅助小菜，即不被列入正式菜单中的菜品。开胃品是用来刺激食欲的，同时也是餐前开胃酒的佐菜，所以在加配餐前酒时，可以边吃边饮。

2. 汤类

汤是西餐中必不可少的部分。汤的种类有浓汤、奶油汤、蔬菜汤、白汤等。当服务生从左面端上汤盘时，你可用右手持汤勺，取适量汤至份碗（盘）中。盛汤适量，一般指一勺半左右。为不使餐汤洒落，可以在起勺时，轻轻将勺底在盘沿上抵一下。传统西餐桌上，都是自己取汤。现在则更多地由服务人员来做，即所谓的分汤制。当你用汤匙舀汤汁时，请记得别舀得太满，以防溅出来。大约将分量控制在汤匙的七分满即可。

喝汤时，英式的方法是由内向外舀；而法式习惯则是由外向内舀。基本上，这两种方式都不会违反礼仪。喝汤时不宜发出声响。若温度较高，请先等待片刻，待汤凉一些再品尝。喝汤时，先用汤匙由后往前将汤舀起，将汤匙底部放在下唇的位置把汤送入口中。汤匙与嘴部倾斜 45 度角较好。身体的上半部略微前倾。汤汁剩下不多时，可稍微将汤碟向外侧倾斜以方便舀汤。

3. 面包类

在西餐礼仪中，有所谓“左面包，右水杯”的说法，不可将两者颠倒摆放。面包的位置一定是在主菜的左方，如果一开始就有面包，要知道位于餐具左方的面包是属于自己的。面包要放在伸手可及的地方，若想涂黄油，先把黄油碟移至自己的碟边。面包并非主食，它点缀于各种菜肴之间，发挥调节口味的作用，目的在于助人更好地品味菜食。吃面包的时间，一般在喝过汤之后，面包餐可以持续到上甜点之前。甜点上桌，面包便要撤掉。

食用方式是用左手拿面包，右手把面包撕成一口可以吃下的小块，拿黄油刀抹上黄油送入口中。吃硬面包时，用手撕不但费力而且面包屑会掉满地，此时可用刀先切成两半，再用手撕成块来吃。切面包时应先将面包固定，避免发出声响，再把刀刺入面包中央部分，将靠近自己身体的部分切下，然后再将面包转过来切断另一部分。有些人喜欢用面包将剩下来的酱汁吸干食用。在一般场合中，直接用手将剥下来的面包拿来吸酱汁是无妨的，但若是在正式的场合，就必须用叉子叉住面包来蘸食酱汁，这样看起来会比较优雅。

给面包抹黄油要用黄油刀，而不能用面包去沾盘里的黄油。要使用个人的黄油刀或料理用刀，不可独占公用的黄油刀。

4. 肉类

吃肉食时有两种方法：一是边切边吃；二是先把肉块（如牛排）切好，然后把刀子放在食盘的右侧，单用叉子进食。前者是欧洲人的习惯，后者是美国人的吃法。吃有骨头的肉时，可用手拿着吃，但还是使用刀叉较为优雅：用叉子的背部将整片肉固定，再用刀沿着骨头把肉切开，一次切取一小块，边切边吃，不要全部切完再吃。一般不要用叉子将整块肉叉至嘴边，一边咬一边咀嚼。必须用手吃时，服务生会附上洗手水。当洗手水和带骨头的肉一起送上来时，表示需要用手拿起来吃，食用完毕，再将手指放入洗手水里洗净，切记洗手时要轻轻地洗。

一般来说，餐桌上不单设鱼餐刀叉，而以肉餐刀叉替代。吃鱼时，鱼头朝左，用叉子压住鱼头，以刀沿着中间骨头至尾部划开。吃完上半部分的鱼肉后，不要翻动鱼身，可先把鱼骨剔除且移开，再食用下半部分。切鱼的秘诀是先将刀子轻轻推向前，再用力回拉并向下切，这样就不会发出刺耳的声音。处理鱼骨头时，首先用刀在鱼鳃附近刺一条直线，刀尖不要刺透，刺入一半即可。将鱼的上半身挑开后，从头开始，将刀放在骨头下方，往鱼尾方向划开，把骨剔掉并挪到盘子的一角，最后再把鱼尾切掉。享用鱼类菜式时若吃到鱼骨，不要直接吐出。最好的方法是用舌头尽量把鱼骨顶出来，用叉子接住，再放到碟子的一角。若不幸鱼骨卡进牙缝间，可用餐巾掩着嘴，利用拇指和食指将其拔出。

牛排可以说是全套餐点中必点的一道肉类料理。依据肉的部位、调理法或酱汁的不同，牛排有多种做法。吃牛排时一般由左至右，切出适当分量。牛排餐刀前刃 2 厘米左右部分比较锋利，所以要注意持餐刀的角度，以适于下刀。切肉时，需以餐叉将肉压住，并尽可能使下刀处接近餐叉压住的地方。吃牛肉（牛排）时，可以按自己爱好决定生熟的程度，服务生会就生熟的程度咨询你的意见。一般来说，有 4 种烧法：生、生与半生熟之间、半生熟、熟。牛肉和所有的肉块一样，应该一边吃一边切，不要一口气都切成小块后再吃。如果有人先将所有的肉都切成块状之后再食用，也并非违反礼仪，只是这样做不但会让美味的肉汁流掉，连切口处的肉也会变得干瘪无味，因而浪费了精心制作出的美味。所以还是一口一口切着吃较能享受到美味。若酱汁未事先淋上，可以自行动手依喜好添加。倒酱汁时，请将酱汁壶靠近盘子，不要滴出，并用汤匙将酱汁淋在牛排的前方。

5. 米面类

吃米饭时通常用叉子的腹部来舀，即用叉子舀起食用。当盘子里的米饭所剩不多而使用叉子无法吃时，可用刀子辅助。在西餐料理店或是专门卖咖喱饭的店家，通常米饭和咖喱酱都是分开装的，而酱汁则是分数次淋到饭上。食用时，以酱汁不滴出来为要，尽量将酱汁壶靠近盘子，再用专用酱汁汤匙舀出来，淋到饭的盘边。要注意轻轻将饭和酱汁拌在一起，再一口一口舀来食用。吃西班牙海鲜饭是在米饭上铺上海鲜食材，再洒上番红花。在餐厅享受这道菜时，会连同专用铁锅一起送上桌来，食用时，先用手压住蚌壳，再用叉子将肉叉出。剩下的壳集中放置于盘子的角落即可。数人一同分享时，可用公用的大刀叉舀到自己的盘子里，然后再食用。据说用汤匙将意大利面卷起来吃是美国人想出来的方法，但一般在意大利却只用叉子来吃意大利面。即将叉子立起来拿，再将少许面条一点点卷起来，然后将面条送入口中。如果面条太长，则可以用甜点匙切断。如果最后所剩的面条很难用餐叉来吃，则可以拿面包块将剩下的面条聚到一起，再行食用。对于通心粉，一般使用餐刀、叉食用：先用餐刀拢住面条，再用餐叉叉起食用，一般不使用匙具。

（五）饮酒礼仪

“无酒不成席”，以酒待客是中西餐共有的传统习俗，但是西餐的饮酒文化与中餐大有不同，需要掌握各个环节的礼仪细节才能从容应对。

1. 酒品选择

一是餐前酒。较常喝的餐前酒有雪利酒、基尔酒、皇家基尔、意大利苏打红酒（坎培里苏打）、苦艾酒、含羞草、葡萄酒、马西尼、金酒加汽水和冰块、威士忌加冰水等。一般只在进餐前喝一小杯。餐前酒不只是为了打发等待料理的时间，还能够轻微地刺激胃部以增进食欲，所以建议选择酒精浓度低、较清爽的种类。如果不太会选择，点选“本店推荐”或是“自制酒”也是不错的方法。不会喝酒的人，也不用勉强点餐前酒，点矿泉水也可以。在餐前酒中最具人气的香槟被归为发泡性葡萄酒，所以用香槟来搭配餐点也是可以的。

二是席间酒。常用的是红、白葡萄酒以及各种软饮料。席间酒一般不上烈性酒。葡萄酒通常是在点完菜后才决定的，尚未点菜千万别急着点。一般习惯是，白酒配白肉，红酒配红肉。如吃鱼虾、猪肉、鸡肉时可搭配白葡萄酒，其他肉类则搭配红酒食用，这是因为较清淡的料理适合口味清淡的白酒，而口味浓厚的料理则应搭配浓烈度较高的红酒。饮用白葡萄酒时可先冰镇一下，红葡萄酒则不需要。

三是餐后酒。餐后酒西方人常选用白兰地。在家庭式的小型晚宴以后，可以送上各种烈性酒，供客人自愿选用。较常喝的餐后酒还有利口酒、鸡尾酒等。餐后用甜点时，视个人喜好可点饮饭后甜酒。饭后甜酒通常都是些水果酿的烈酒，酒精含量高，只以高脚小杯盛装，不需开整瓶，以杯论即可。至于冷餐招待会和酒会，则不分餐前、餐后，供应各种酒类，任凭客人选用。外国人喝威士忌、啤酒及各种饮料大多喜欢冰镇过的，或加冰块，因此在宴会、招待会和酒会上都要准备一些冰块。在用餐后饮用餐后酒，不但能够帮助消化，同时也能享受餐后的好气氛，不过和餐前酒类似，都不是非喝不可的。

2. 斟酒

西餐斟酒的顺序是从正主位右边主宾起逐位向左走。要站在客人右手边上斟酒，而且酒瓶的商标应面向客人。每斟完一杯，要把酒瓶稍收后，手往右轻轻一旋，以免酒水溢出滴到桌面或客人身上。中国有句话叫“酒满情深”，就是说斟酒以满为敬。但在西餐中，葡萄酒、香槟酒、白兰地、甜露酒等不宜斟满，只宜斟到酒杯容量的 2/3 处，其目的是使饮者在饮用时能让酒在杯中旋起来，使酒香充分地散发出来。

第一次上酒时，主人可以亲自为所有客人倒酒。要依逆时针方向进行，从主宾开始，最后轮到主人自己。客人喝完一杯后，主人可以请坐在其对面的人（也就是第二主人）帮忙为他附近的人添酒。如果你同时准备了红酒和白酒，请把两种酒瓶分放在桌子两端。绝对不要让客人用同一个杯子喝两种酒，这是基本礼貌。在餐厅也可由服务生斟酒。服务生一手拿烈性酒，一手拿甜酒，一般先斟烈性酒。如果客人不要烈性酒，就改斟甜酒。斟酒时，酒杯应放在餐桌上，酒瓶不要碰到杯口。拿酒杯的姿势因酒杯不同而有所不同。高脚酒杯应用手指捏住杯腿，短脚酒杯则应用手掌托住酒杯。倒啤酒时请务必同时用两只手握着酒瓶来倒酒，这时若是太用力倾倒，会起很多泡泡，所以请和缓地倒酒。当他人要为你倒酒时，请拿着杯子并稍微倾斜较好。

3. 饮酒

在西餐中喝酒需要注意的是，不管在餐中喝的是什么酒，主人都不能自己去开瓶，一切应由服务生处理。在吃中餐时，宾主之间热烈敬酒、频频干杯是很正常的现象。然而吃西餐，除了刚开始时主人可举杯感谢大家赏光，之后则不宜再敬酒，更不可频频劝他人喝酒。一饮而尽、边喝边透过酒杯看人、拿着酒杯边说话边喝酒、吃东西时喝酒、口红印在酒杯沿上等，都是失礼的行为。如果口红印在杯子上，不要用手指擦杯沿上的口红印，用面巾纸擦较好。

四、品饮咖啡礼仪

品饮咖啡在欧美各国已成为人们生活的一部分。品饮咖啡时，可以自己磨好咖啡豆用咖啡壶煮制，也可以用开水冲饮速溶咖啡。咖啡在我国也为越来越多的人所接受，成了人们进行公务和社交活动的一种普通饮料。

张玲毕业后在一家外企上班，周五要和两个客户谈业务，因客户时间原因，就近选了一家咖啡馆。3人见面后，张玲要了3杯咖啡，边喝边谈，只见其中一客户端起杯子，几大口就喝光了，说："这玩意儿不解渴，还是喝茶过瘾。"并大声喊道："服务员，有茶吗？来杯绿茶。"周围的人都循声朝这边看，张玲很尴尬。这时，另一客户小声说："你不要那么大声，请安静。这里是咖啡馆，哪有绿茶。"接着又说："老兄，喝咖啡不能像你那样大口喝，要用小匙先慢慢搅拌，然后再用小匙小口小口地舀着喝。"说完还做了示范。张玲心想，早知道这样，我带你们去茶馆好了。

上例中的两位客户并不完全懂得喝咖啡的礼仪，以致闹了笑话，也让张玲很尴尬。具体而言，品饮咖啡要注重如下礼仪：

盛放咖啡的杯碟一般都是特制的，这种杯子的杯耳较小，手指无法穿过去。但即使用杯耳较大的杯子，也不要将手指穿过杯耳端杯子。咖啡杯应放在自己的面前或右侧，杯耳指向右方。喝咖啡时，左手轻轻托着咖啡碟，右手拇指和食指捏住杯耳将咖啡杯端起，慢慢地移向嘴边轻啜，不可发出响声。不要满把握杯、大口吞咽，或俯首去吸咖啡。若遇到一些不方便的情况，例如，坐在远离桌子的沙发上，不便用双手端着咖啡杯碟饮用，此时可用左手将咖啡碟置于齐胸的位置，用右手端着咖啡杯饮用。饮毕，应立即将咖啡杯置于咖啡碟中，不可将两者分别放置。添加咖啡时，不要把咖啡杯从咖啡碟中拿起来。

咖啡匙是专门用来搅拌咖啡的，搅过咖啡的匙，上面会沾有咖啡，应轻轻顺着杯子的内缘将汁液弄掉，绝不能拿起匙甩动，或用舌头舔咖啡匙。用过的咖啡匙最好放在托盘的内侧，以免端起咖啡杯时碰落。不要用咖啡匙舀着咖啡一匙一匙地喝，也不要用咖啡匙来捣碎杯中的方糖。标准的搅拌手法是将咖啡匙立于咖啡杯中央，先顺时针由内向外划圈，到杯壁再由外向内逆时针划圈至中央，然后重复同样的手法，这种方法可令咖啡浓淡均匀。如果咖啡太烫，可以用咖啡匙轻轻搅动，使其降温，切不可用嘴去吹。

一般来说，趁热品尝咖啡，是喝咖啡的基本礼节。但应注意，喝咖啡不能像喝白开水一样，一口气把一杯都喝完，而且喝咖啡也不能像喝茶或喝果汁一样连续喝几杯。一杯咖啡端来，先不要急于喝，应该像品茶或品酒那样，以达到放松、提神和享受的目的。一个品尝咖啡的行家里手，一定会在咖啡端上来的那一刻，首先体会一下那扑鼻而来的浓香，然后吹开咖啡油再轻啜一小口，这便是咖啡的原味。之后，可以随个人喜好加入糖、奶。加糖要轻。给咖啡加糖时，有两种情况：一种是加砂糖，可用咖啡匙舀取，直接加入杯内，为避免咖啡溅出，添加时位置应尽量低；另一种是加方糖，可先用糖夹子把方糖夹在咖啡碟的近身一侧，再用咖啡匙把方糖加在杯子里。如果用糖夹子或手把方糖放入杯中，可能会使咖啡溅出，弄脏衣服或台布，是极不礼貌的行为。喝咖啡时，有时可以吃一些点心，但不要一手端着咖啡杯，一手拿着点心，吃一口喝一口地交替进行。喝咖啡时应当放下点心，吃点心时则应放下咖啡杯，否则易给人一种贪婪的印象，而且吃相也不文雅。另外，与他人一起喝咖啡时，切记不要随意为他人加糖，因为不知道别人的口味而随便为人加糖是不礼貌的。

案例分析

宴请礼仪中的座次安排

从电视剧《老大的幸福》中的宴请场面，可以看出宴请礼仪中的座次安排规范。剧中宴请方是陆总和张经理，宴请的客人是大哥和三弟傅吉兆（处长），正常的座次安排应该是这样：面门的主人位是陆总；末位背门位，即末位、买单位是张经理；陆总右手边是傅处长；左手边是大哥；司机位随意。

但是由于傅吉兆是处长，大哥又是处长的大哥，所以特别让大哥坐主人位；大哥先是按照年龄大小安排：右手边是张经理；左手边是陆总；三弟傅吉兆坐对面，即买单的位置；司机位随意。这让张经理很尴尬，因为陆总的职务高，所以二者调换了位置；但入座时，张经理又想和傅吉兆调换位置，因为张经理的职务低于傅处长；最终被大哥阻止。大哥安排座位时还说了一句话：在顺城吃饭就按照年龄大小排座位。

这就是我们礼仪中讲究的“在朝序爵；在野序齿”；在职场，以职务高低安排座位；在一般的宴请场合，尤其是民间，以年龄大小、辈分高低安排座次。

电视剧中除大哥以外，其他参加宴请的人都有职务，而且在职务上又有着上下级的关系，所以他们就座时就有些忌讳，下属不能坐在领导的上位，所以他们就互相谦让。

从礼仪的角度来看，大哥就是大哥，很热情，自来熟，自认为考虑得很周到，按照自己的认知主动安排座次，但是却让参加宴请的人有些难以接受，在双方的协调下，终于安排就绪，这也印证了在礼仪中永远要记住的八个字“主随客便、客随主便”，在不失礼的前提下，根据具体情况，安排餐饮座次。

思考与练习

【案例 1】　一次中餐宴会上，一家公司的老总请李教授和他的夫人赴宴，同时还邀请了几位学生作陪。这位老总坐在李教授的对面，其他学生随便坐。在用餐过程中，有一位同学突然站起来出去了，没有人问他到底干什么去了，大家继续原来的关于当前经济改革政策的相关话题。

结合案例分析此次宴会中有哪些地方不符合礼仪规范。

【案例 2】 一天傍晚，小王去西餐馆用餐，侍者向他介绍了菜品，他却不问菜的价格，一下子点了五六道。点完菜，他开始四处拍照留念，用餐时嘴里不时发出咀嚼食物的声音，用餐中弄得桌子、地毯上到处都是油渍和污秽。邻座的客人实在看不下去了，对他提出了抗议。

结合西餐礼仪知识分析案例并指出小王有哪些失礼之处。

即测即评

扫一扫　练一练

第九讲　庆典礼仪

庆典活动是社会组织面向社会和公众展现自身，体现领导和组织能力、社交水平以及文化素养的重要形式，也是组织方对内营造和谐氛围、增加凝聚力，对外协调关系、扩大宣传和塑造形象的有效手段，通常会邀请知名人士和记者参加。这样的活动往往出席人员规格高，活动程序复杂，礼仪规范性强，因此有必要掌握其礼节程序以确保活动顺利举行，收到良好的效果。庆典礼仪活动主要包括开闭幕式、奠基仪式、展会、颁奖典礼、剪彩仪式等。

一、开幕式、闭幕式礼仪

（一）开幕式礼仪

开幕式是指展览会或大型活动正式开始的仪式（见图 9 - 1）。开幕式象征着一次活动的伊始，同时交代清楚后续活动的主题、方式、内容，最重要的是为盛大活动吸引更多的观众，通过一些别开生面的方式让大家参与到后续活动中。

图 9 - 1

举办开幕式主要有如下注意事项：

（1）举办活动应及早筹划与确定。邀请国外人士前来参加活动，至少于半年前发出邀请，并寄送相关说明资料。国内人员最好一个月前发出邀请。

（2）由多个机构共同举办的活动，要事先明确各自职责分工，避免多头指挥、多头对外，让嘉宾无所适从。

（3）确定开幕时间应充分考虑当地交通、气候及工作习惯等因素，确保开幕式如期顺利举行。

（4）确定参加开幕式的嘉宾后，按照级别与重要程度进行排位，并在确定前准备好地贴及站位图，让嘉宾明确自己的位置。

（5）出席活动的领导人不宜过多。在介绍“出席××活动的领导、贵宾”中，顺序依次是外宾、上级领导、外单位领导、本单位领导等。

（6）开幕式一般在30分钟左右，但是若有重要的嘉宾出席，则可以适当延长，但是一般不超过1小时。

（7）展览开幕式不同于报告会，主办者或领导人不宜长篇发言。要尽量简明具体，“欢迎”“感谢”之类的句子要尽量归纳，不必多说客套话。

（8）开幕式如需安排剪彩活动，根据惯例，剪彩者可以是一个人，也可以是几个人，但是一般不应多于五人，多由上级领导、合作伙伴、社会名流、各方代表等担任。主剪者一般由职位最高的人担任。

（9）严格按展览规定的时间参展和撤展，不迟到，不早退。展出时，接待观众要热情、主动、耐心，不要在馆内扎堆聊天或摊位间乱走，出现摊位无人照管现象。

（10）展馆和展位应保持清洁，注意防火、防盗，控制人员有序流入流出，严防出现意外伤害和恐怖行动。

（二）闭幕式仪式

闭幕式是指大型会议、展览会等结束时举行的正式仪式（见图9－2）。该仪式要注意的礼节有以下方面：

（1）由主持人宣布闭幕式开始。

（2）由主办方的领导人作简要总结，并对有关方面，尤其是协作方表示感谢。

（3）由合作者一方的领导人致辞，祝贺活动的圆满成功。其余人在双方领导人致辞时都应鼓掌响应。

（4）双方也可互赠礼品或纪念品，宣布整个活动结束。

图9－2

闭幕式总体的程序与开幕式相差不大，可以说有一些相似之处，但是它们的主题不同，因此闭幕式通常要比开幕式简单一些。

二、奠基仪式礼仪

奠基仪式是各类庆典活动形式之一，在一些建筑物动工修建之初，采用完整无损的长方形石料作为搭建材料而举行的庆贺性活动（见图 9－3）。通常是一些重要的建筑物，比如大厦、场馆、亭台、楼阁、园林、纪念碑等，在动工修建之初，所举行的正式庆贺性活动。

图 9－3

（一）奠基前准备

（1）土地平整完毕、松土、沙子准备到位。

（2）准备好奠基石。一般情况下，用以奠基的奠基石应为一块完整无损、外观精美的长方形石料。在奠基石上，字体大都讲究以楷体或隶书刻写，并且最好是白底金字或黑字。在奠基石的下方或一侧，还应安放一只密闭完好的铁盒，内装该建筑物的各项资料以及奠基人的姓名，同奠基石一道被奠基人等培土掩埋于地下，以志纪念。

（3）挂好条幅，装好拱门和空飘。

（4）搭建好演讲台，布置背景喷绘，完成音响调试。

（5）做好环境布置工作。铺设地毯、插放彩旗、摆放鲜花等。

（6）安排好工程车辆、礼炮位置、锣鼓方队及工人方队定位。

（7）做好接待处安排，准备好签到台、礼品和胸花等。

（8）奠基仪式地点一般选择在动工修筑建筑物的施工现场，常规均应选择在建筑物正门的右侧。

（二）奠基仪式

奠基仪式的程序大体上分五项：

（1）仪式正式开始，介绍来宾。

（2）全体起立，奏国歌。

（3）主人对该建筑物的功能以及规划设计进行简介。

（4）来宾致辞道喜。

（5）正式进行奠基。

首先应奏响锣鼓或演奏喜庆乐曲，然后由奠基人双手持握系有红绸的新锹为奠基石培土，再由主人与其他嘉宾依次为之培土，直至将其埋没为止。

三、展会礼仪

展览会，主要是指有关方面为了介绍本单位的业绩，展示本单位的成果，推销本单位的产品、技术或专利，集中陈列实物、模型，通过文字、图表、影像资料供人参观了解，所组织的宣传性聚会（见图 9-4）。

图 9-4

（一）展览会的类型

1. 从性质上分，有贸易和消费两类

贸易性质的展览是为制造业、商业等行业举办的展览，展览的主要目的是交流信息、洽谈贸易；消费性质的展览基本上都展出消费品，目的主要是直接销售或间接促进销售。展览的性质由展览组织者决定，可以通过参观者的成分反映出来：对工商业开放的展览是贸易性质的展览，对公众开放的展览是消费性质的展览，具有贸易和消费两种性质的展览称作综合性展览。

2. 从内容上分，有综合展览和专业展览两类

综合展览指包括全行业或数个行业的展览会，也被称作横向型展览会，比如工业展、轻工业展；专业展览只是某一行业甚至某一项产品的展览会，比如钟表展。专业展览会的突出特征之一是常常同时举办讨论会、报告会，用以介绍新产品、新技术等。

3. 从时间上分，有定期和不定期两类

定期的有一年四次、一年两次、一年一次、两年一次等；不定期展览则视需要分为长期和短期。长期展览可以是三个月、半年，甚至常设，短期展览一般不超过一个月。

在发达国家，专业展览会一般是 3 天。在英国，一年一次的展览会占展览会总数的 3/4。展览日期受财务预算、订货以及节假日的影响，有旺季、淡季。根据英国展览业协会的调查，3—6 月及 9—10 月是举办展览会的旺季，12 月至次年 1 月以及 7—8 月是举办展览会的淡季。

（二）展览会的组织

1. 展览会准备

（1）明确展会活动的内容主题及特色。

不同性质的展会活动在表现形式上是不同的，因此在接待服务的表现形式上也就有所差异。如会议活动和展览活动。展览活动和大型节庆活动的礼仪接待服务的表现形式不同，有些活动需要热闹，有些需要安静。同样是展览活动，不同的主题和内容，其礼仪接待服务的要求也不同。例如汽车展的礼仪接待服务可以活泼欢快些，具有现代感；化妆品展的礼仪接待服务则可以时尚前卫。

（2）安排整个展会活动的程序和具体人员。

了解展会活动的程序安排是进行礼仪接待人员配备的重要信息输入。如果展会活动的开幕式有重要嘉宾参加，还伴有不同规模和场次的会议或讲座，展会活动参与人员的数量较多，就需要场馆管理者确定在什么时候、在哪些地方安排多少名礼仪服务人员，她们的主要工作任务是什么，在完成开幕式后，她们还须安排到哪里去服务。在安排礼仪接待服务时要注意如何提高服务效率。

（3）遴选得体恰当的接待人员。

策划礼仪接待服务时要考虑到服务的客人的类型和特点。如果是有较多国外嘉宾参加的展会活动，安排的礼仪接待人员应有良好的文化修养和外语水平。如果是专业性较强的学术会议，还可以考虑安排该专业的大学生负责礼仪接待工作，既便于与会议代表沟通，又能使学生获得学习的机会。如果展会活动正式庄重，则需要安排庄重典雅的礼仪接待人员。

（4）准备活动过程中需要的礼仪用品。

礼仪接待服务过程中不能忘记准备展会活动中所需的礼仪用品，如剪彩活动时所需的金色剪刀、绸布球、托盘、礼花等；签字活动中的文件及文件簿、签字笔、葡萄酒等；舞狮表演时所需的点睛毛笔和墨水；颁奖仪式时所需的奖状、奖杯、奖牌、证书、锦旗、奖金信封、鲜花、吉祥物等；捐赠仪式所需的支票模型、捐献证书、鲜花等。这些礼仪用品什么时候使用，使用的顺序如何，都要事先与礼仪接待人员交代清楚，以防出错。

（5）加强接待人员形象管理。

接待人员的形象管理，主要是指在展览会上直接代表参展单位露面的人员的穿着打扮问题。一般情况下，要求在展位上工作的人员统一着装。最佳的选择是身穿本单位的制服，或者是穿深色的西装、套裙。在大型的展览会上，参展单位若安排专人迎送宾客时，则最好请其身穿色彩鲜艳的单色旗袍，并胸披写有参展单位或其主打展品名称的大红色绶带。为了说明各自的身份，全体工作人员皆应在左胸佩戴标明本人单位、职务、姓名的胸卡，礼仪小姐可以例外。按照惯例，工作人员不应佩戴首饰，男士应当剃须，女士最好化淡妆。

2. 展览会接待

（1）展会接待的整体原则。

一要安排有序。每个工作人员在活动过程中承担什么角色，要做什么样的工作都已事先确定，不能出现手忙脚乱、不知所措的现象。

二要行为规范。所有参加礼仪接待服务的工作人员应按标准的商业行为规范来引导和服务客人，统一的服饰、统一的礼貌用语、统一的行走站立姿势、统一的礼仪，使客人感受到所有的人员都训练有素，是一支专业的服务队伍。

三要态度真诚。甜美的微笑，亲切的问候，细声的叮咛，耐心的解说……这些都是礼仪接待人员良好素质的表现，也是人们对礼仪接待服务的基本要求。同时礼仪接待人员应具备一定的应变能力和解说能力，能灵活应对客人提出的各种问题。

四要富有个性。根据展会活动的形式和内容，礼仪接待服务的形式也可以设计得富有个性和特色，通过礼仪接待服务来凸显展会活动的特色和主题。

（2）展览接待礼仪要求。

一要努力维护整体形象。在参与展览时，参展单位的整体形象直接映入观众眼中，因而对单位参展的成败影响极大。参展单位的整体形象，主要由展示之物的形象与工作人员的形象两个部分构成。对于二者要给予同等的重视。展示之物的形象，主要由展品的外观、展品的质量、展品的陈列、展位的布置、发放的资料等构成。用以展览的展品，外观上要力求完美无缺，质量上要优中选优，陈列上要既整齐美观又讲究主次，布置上要兼顾主题的突出与观众的注意力。用以在展览会上向观众直接散发的有关资料，要印刷精美、图文并茂、资讯丰富，并印有参展单位的主要联络方法，如公关部门与销售部门的电话、电子邮箱、公众号，等等。

二要时时注意待人礼貌。在展览会上，不管是宣传型展览会还是销售型展览会，参展单位的工作人员都必须真正意识到观众是上帝，为其热情而竭诚地服务是自己的天职。为此，全体工作人员都要将礼貌待人放在心上，并且落实在行动上。展览一旦正式开始，全体参展单位的工作人员即应各就各位，站立迎宾。不允许迟到、早退、无故脱岗、东游西逛，更不允许在观众到来之时坐着不起，怠慢对方。当观众走近自己的展位时，不管对方是否向自己打了招呼，工作人员都要面含微笑，主动向对方说：“您好！欢迎光临！”随后，还应面向对方，稍许欠身，伸出右手，掌心向上，指尖直指展台，并告知对方“请您参观”。当观众在本单位的展位上进行参观时，工作人员可随行于其后，以备对方向自己进行咨询，也可请其自便，不加干扰。假如观众较多，尤其是在接待组团而来的观众时，工作人员也可在左前方引导对方进行参观。对于观众所提出的问题，工作人员要认真作出回答。不允许置之不理，或以不礼貌的言行对待对方。当观众离去时，工作人员应当真诚地向对方欠身施礼，并道以“谢谢光临”，或是“再见”。

在任何情况下，工作人员均不得对观众恶语相加，或讥讽嘲弄。对于极个别不守展览会规则而乱摸乱动、乱拿展品的观众，仍须以礼相劝，必要时可请保安人员协助，但不许擅自对他们动粗，进行打骂、扣留或者非法搜身。

三要善于运用解说技巧。解说技巧，此处主要指参展单位的工作人员在向观众介绍或说明展品时，所应当掌握的基本方法和技能。具体而论，在宣传性展览会与销售性展览会上，其解说技巧既有共性可循，又有各自的不同之处。共性在于：要善于因人而异，使解说具有针对性。要突出自己展品的特色。在实事求是的前提下，要注意扬长避短，强调“人无我有”“人有我优”之处。必要时，还可邀请观众亲自动手操作，或由工作人员为其进行现场示范。此外，还可安排观众观看与展品相关的影视片，并向其提供说明材料与单位名片。通常，说明材料与单位名片应备于展台之上，由观众自取。

四、颁奖典礼礼仪

颁奖仪式（见图 9 - 5）是对活动的总结，服务的主要是参赛选手中的佼佼者。组织者对颁奖仪式的重视程度决定了选手对比赛正式程度的判断。颁奖嘉宾的身份，总结是否公平公正，这些在一定程度上代表了组织的形象。

图 9 - 5

（一）颁奖典礼的准备工作

1. 布置颁奖现场

背景布置要符合主题，字体大小得体，画面色彩和谐。可以制作短视频或者插入活动精彩照片，让参赛选手对比赛有整体的回顾，有现场感。要准备好欢快的颁奖音乐。主席台最好铺上台布，并且有鲜花等布置。可以挂上条幅，增加会场氛围感并方便新闻摄影。

2. 安排嘉宾和选手座位

选手座位后背贴上名字，并按名次排列（顺序应与颁奖证书奖品安排一致）。重要嘉宾座位一般在中间，按照身份、地位排列座次，一般要准备嘉宾席卡。

3. 准备奖品和证书

提前按顺序排列好，并且在会议正式开始前按照选手到会的实际情况调整，准备呈递给嘉宾证书和奖品。

4. 选用合适的主持人

整个颁奖程序都由主持人衔接，故主持人扮演着很重要的角色。主持人需提前熟悉颁奖程序，并且准备好主持词。当然也要随时与现场导演保持联系，以便针对临时突发变动进行适当调整。主持人要具备一定的现场组织能力，能对突发事件有驾驭能力，要维持好场上秩序，时刻关注场上局势，保证各个程序之间衔接流畅。

（二）颁奖仪式的礼仪程序

（1）主持人开场。包括对活动的简单介绍，介绍颁奖嘉宾，对出席的人员表示欢迎和感谢等，宣布颁奖仪式正式开始。营造正式而不失和谐的气氛。

（2）活动负责人致辞。介绍活动整体情况，宣读获奖名单。

（3）颁奖。获奖选手上台（奏颁奖乐），注意组织他们按顺序从指定的方向上台，并在台中间的位置站好。邀请颁奖嘉宾上台，礼仪小姐呈上奖状和奖品。逐一颁发证书、奖牌或奖品，颁奖嘉宾向选手握手祝贺。

（4）颁奖嘉宾与选手合影留念。主持人感谢颁奖嘉宾，祝贺获奖选手，并请选手有秩序地下台。

（5）获奖代表发表获奖感言。主持人在获奖代表发言完毕后表示感谢，可以发表简短的主观感受和看法。

（6）颁奖仪式结束，主持人对与会人员表示感谢，并组织出席人员有序退场。

（三）颁奖仪式的注意事项

（1）一般来说，先颁名次较靠后的奖项，后颁名次靠前的奖项。先颁单项奖，后颁整体奖。

（2）颁奖嘉宾的顺序，一般由身份地位高的颁奖嘉宾为名次靠前的获奖选手颁奖。

（3）颁奖程序设计好后，要提前通知颁奖过程中要上台发言的人，以便提前做好准备。

（4）主持人可以在仪式正式开始前先宣布本次仪式的主要程序，使出席人员周知。

（5）提前通知颁奖嘉宾，颁发哪些奖项，颁奖有什么内容等。

（6）发表获奖感言最好在所有颁奖结束后进行。但如果每一轮颁奖都有人发表获奖感言的话，则无须考虑。

（7）主持人对颁奖嘉宾的发言或者获奖选手的获奖感言，要认真倾听，并且从主观感受出发适当总结。

五、剪彩仪式礼仪

剪彩仪式是指商界等组织为了庆祝公司成立、公司周年庆典、企业开工、宾馆落成、商店开张、银行开业、大型建筑物启用、道路或航道开通、展销会或展览会开幕等而举行的一项隆重性的礼仪性程序（见图 9－6）。

图 9－6

（一）剪彩的准备

主要包括场地布置、环境卫生、灯光与音响准备、媒体邀请、人员培训等方面。在准备这些方面时，必须认真细致，精益求精。除此之外，尤其对剪彩仪式上所需使用的某些特殊用具，诸如红色缎带、新剪刀、白色薄纱手套、托盘以及红色地毯，仔细地进行选择与准备。

（二）剪彩的人员

在剪彩仪式上，最为活跃的当然是人而不是物。因此，剪彩的人员必须审慎选定，并于事先进行必要的培训。除主持人外，剪彩的人员主要是由剪彩者与助剪者等所构成。

1. 主剪的礼仪要求

（1）人员确定。

剪彩者，即在剪彩仪式上持剪刀剪彩之人，一般由 1～5 人担任。剪彩仪式档次的高低，往往也同剪彩者的身份密切相关。通常，剪彩者多由上级领导、合作伙伴、社会名流、员工代表或客户代表所担任。确定剪彩者名单，必须是在剪彩仪式正式举行之前。名单一经确定，即应尽早告知对方，使其有所准备。需要由数人同时担任剪彩者时，应分别告知每位剪彩者届时他将与何人同担此任，体现出对剪彩者的尊重。一般情况下，确定剪彩者时，必须尊重对方意见，切勿勉强对方。必要时可在剪彩仪式举行前，将剪彩者集中在一起，告知大家有关的注意事项，并稍做排练。

（2）服饰要求。

剪彩者应着套装、套裙或制服，将头发梳理整齐。不允许戴帽子、戴墨镜，也不允许穿着便装。

（3）位次确定。

若剪彩者仅为一人，则其剪彩时居中而立即可。若剪彩者不止一人，则上场剪彩时位次的尊卑必须予以重视。一般的规矩是：中间高于两侧，右侧高于左侧，距离中间站立者愈远位次便愈低，即主剪者应居于中央的位置。需要说明的是，之所以规定剪彩者的位次“右侧高于左侧”，主要是因为这是一项国际惯例，剪彩仪式理当遵守。其实，若剪彩仪式无外宾参加时，执行我国“左侧高于右侧”的传统做法，也无不可。

2. 助剪的礼仪要求

助剪者，指的是为剪彩者剪彩提供帮助的人员。一般而言，助剪者多由东道主一方的女职员担任，人们对她们的常规称呼是礼仪小姐。

（1）基本条件。

一般来说，礼仪小姐要相貌姣好、身材颀长、年轻健康、气质高雅、音色甜美、反应敏捷、机智灵活。礼仪小姐的最佳装束应为：盘起头发，穿款式、面料、色彩统一的单色旗袍，配肉色连裤丝袜、黑色高跟皮鞋。化淡妆，除戒指、耳环或耳钉外，不佩戴其他首饰。有时，礼仪小姐身穿深色或单色的套裙也可。但是，她们的穿着打扮必须尽可能地整齐划一。

（2）职责分工。

在剪彩仪式上服务的礼仪小姐，可以分为迎宾者、引导者、服务者、拉彩者、捧花者、托盘者。迎宾者的任务，是在活动现场负责迎来送往。引导者的任务，是在进行剪彩时负责带领剪彩者登台或退场。服务者的任务，是为来宾尤其是剪彩者提供饮料，安排休息。拉彩者的任务，是在剪彩时展开、拉直红色缎带。捧花者的任务是在剪彩时手托花团。托盘者的任务，是为剪彩者提供剪刀、手套等剪彩用品。一般情况下，迎宾者与服务者应不止一人。引导者既可以是一个人，也可以为每位剪彩者各配一人。拉彩者通常应为两人。捧花者的人数则需要视花团的具体数目而定，一般应为一花一人。托盘者可以为一人，也可以为每位剪彩者各配一人。有时，礼仪小姐也可身兼数职。

（三）剪彩的程序

正常情况下，剪彩仪式应在即将启用的建筑、工程或者展销会、博览会的现场举行。正门外的广场、正门内的大厅，都是可以优先考虑的。在活动现场，可略作装饰，在剪彩之处悬挂写有剪彩仪式的具体名称的大型横幅，更是必不可少的。一般来说，剪彩仪式宜紧凑，忌拖沓，短则一刻钟即可，长则不宜超过一个小时。剪彩仪式通常应包含如下五个基本的程序。

1. 嘉宾入场

剪彩仪式开始前五分钟，嘉宾便应在礼仪小姐的引领下集体入场。一般来说，嘉宾中的剪彩者应前排就座，座位上应事先放好席卡。

2. 暖场仪式

由企业主要负责人宣布仪式开始，奏乐，放鞭炮（有的地方禁放则免），然后介绍到场的嘉宾，对他们的到来表示感谢。

3. 宾主讲话

由主办单位代表、上级部门主管部门代表、合作单位代表以及社会知名人士先后发言。讲话的内容应具介绍性、鼓动性、祝贺性，做到短小精悍、言简意赅。

4. 正式剪彩

当主持人宣告进行剪彩之后，礼仪小姐应在欢快的乐曲声中率先登场。在上场时，礼仪小姐应排成一行行进。从两侧同时登台，或是从右侧登台均可。登台之后，拉彩者与捧花者应当站成一行，拉彩者处于两端拉直红色缎带，捧花者各自双手捧一朵花团。托盘者须站立在拉彩者与捧花者身后一米左右，并且自成一行。在剪彩者登台时，引导者应在其左前方进行引导，使之各就各位。剪彩者登台时，宜从右侧进入。当剪彩者均已到达既定位置之后，托盘者应前行一步，到达剪彩者的右后侧，以便为其递上剪刀、手套。剪彩者若不止一人，则其登台时也应列成一行，并且使主剪者行进在前。在主持人向全体到场者介绍剪彩者时，剪彩者应面含微笑向大家欠身或点头致意。剪彩者行至既定位置之后，应向拉彩者、捧花者含笑致意。当托盘者递上剪刀、手套，也应微笑着向对方道谢。在正式剪彩前，剪彩者应首先向拉彩者、捧花者示意，待其有所准备后，集中精力，右手持剪刀，表情庄重地将红色缎带一刀剪断。若多名剪彩者同时剪彩，其他剪彩者应注意主剪者的动作，与其主动协调一致，力争大家同时将红色缎带剪断。按照惯例，剪彩以后，红色花团应准确无误地落入托盘者手中的托盘里，切勿使之坠地。为此，需要捧花者与托盘者的合作。剪彩者在剪彩成功后，可以右手举起剪刀，面向全体到场者致意。然后放下剪刀、手套于托盘之内，举手鼓掌。接下来，可依次与主人握手道喜，并列队在引导者的引导下退场。退场时，一般宜从右侧离开。待剪彩者退场后，其他礼仪小姐方可列队由右侧退场。不管是剪彩者，还是助剪者，在上下场时，都要注意井然有序、步履稳健、神态自然。

5. 后续活动

剪彩过程结束，主办单位可安排一些文艺、参观、联谊、座谈、签名、题词、就餐等后续活动，具体做法可因剪彩内容而定，最后可以向来宾赠送一些纪念品，热情欢送他们离去。

案例分析

孔子学院大会签约礼仪

2018 年 12 月 5 日上午，第十三届孔子学院大会间隙，10 所新设孔子学院（中心）协议签署仪式在成都世纪城国际会议中心隆重举行。孔子学院（中心）的中外合作高校校长共 80 多位嘉宾参加了仪式。时任教育部副部长、孔子学院总部理事会常务理事田学军先生出席仪式，见证了孔子学院总部副总干事、国家汉办副主任马箭飞与外方大学校长依次签署协议。在欢快喜庆的氛围中，田学军与总部领导及中外合作院校代表，依次见证了法国奥尔良大学孔子学院、日本山梨学院大学孔子学院等 10 所孔子学院协议签署。随后，田学军发表了热情洋溢的致辞，对在场中外嘉宾表示衷心祝贺，诚挚欢迎他们成为全球孔子学院大家庭的一员。

通过以上报道，我们可以看出签约仪式的基本流程，也了解了签约仪式中不同级别人士在仪式上的角色分工。在签约仪式的前期准备上，首先应准备至少两册（取决于是否有多个签约方）内容一致的待签合同文本，两册合同内容一致、纸张优质并装订成册外加硬质封皮。签约场地基本是在室内，要求设置长桌，桌面铺上桌布，地面铺上地毯，确保整洁、庄重。确定主席台、嘉宾及应邀媒体人数以便安排座位和场地，签字区与会场嘉宾区分开。

嘉宾进场时应有专人负责签到工作，有专人引导嘉宾前往会场安排就座，或根据需要安排专人引导嘉宾与主办方领导及其他嘉宾先礼貌友好会面再安排入座。像孔子学院协议签署仪式这样有相关领导和重要人物出席的仪式，一定要做好相应的安保工作。签约场合中相关人员应佩戴相关证件。签约双方职位应相当，并提前安排好顺序，在签约人旁安排助签人员，助签人员负责翻开合同夹，指明合同签字的地方。签约双方先在各自的文本上签字，然后与对方交换签字。之后，双方签字人员互换合同文本，并互相握手。签约双方以及到场重要嘉宾合影留念，安排媒体拍照或访谈。

案例分析

从青年论坛开幕式看开幕式礼仪

新华社长沙 7 月 17 日电（记者阮周围）国务委员王勇 16 日在湖南省长沙市与

俄罗斯总统驻伏尔加河沿岸联邦区副全权代表马什科夫采夫，共同出席第六届中国长江中上游地区和俄罗斯伏尔加河沿岸联邦区青年论坛开幕式并致辞。

有多国参加的开幕式，应及早通知参加人员，需要提前6个月发出邀请，充分考虑到地域的不便。开幕式要充分考虑天气、交通等因素，做好备选方案。在开幕式上，讲话、介绍参会人员等方面都要从简，在介绍出席来宾时，在需介绍外宾的情况下，以外宾和外单位领导人为主，如果有外国驻华大使的参与，应该放在介绍顺序的前头，如果必须加上主办单位的领导，要放在介绍名单的后面。开幕式尽量避免剪彩活动，如必须应少数人参加。主持人讲话时尽量缩短鼓掌时间，少说古文避免翻译困难，且要控场，避免外宾还没听完翻译，中方人员就先鼓掌了。

开闭幕式中除必要讲话外，都应该缩短介绍、讲话的时间，将时间留给开闭幕式表演内容。对于座次、表演内容等安排应先了解各方来客的文化和禁忌。礼仪小姐应该在台下引导来宾，保持会场的整洁，避免混乱，并提醒来宾手机静音。

思考与练习

1. 请根据本校实际情况，撰写一份新生入学开学典礼的策划文案。

2. 请仔细观看一段2024年巴黎夏季奥运会颁奖片段，总结颁奖典礼应该注意的礼仪细节。

即测即评

扫一扫　练一练

第十讲　外事礼仪

涉外礼仪是涉外交际礼仪的简称，指人们在国际交往活动中，用以维护自身和本国形象，向交往对象表示尊重、敬意和友好的双方都可接受的交际礼节和道德规范的仪式。《礼记》记载："入境而问禁，入国而问俗，入门而问讳。"周恩来也曾说过："外事无小事。"在涉外交往中，作为国家、政府、政党、团体、企业的代表进行对外活动的时候，活动中的表现往往成为相互间进一步了解和交往的重要依据；作为个人，在涉外交往中可以有各自的风格，但是在国际礼仪活动和正式的社交场合，应当讲究必要的礼节，规范自己的行为。

在涉外活动中，鼓掌、握手虽然是礼仪细节，却事关国体、国格和国家形象。随着我国国际地位逐步提高，对外开放的政策越来越深入，国际合作日渐广泛，大小城市都遍布着来华工作、旅游、学习或生活的外籍人士；随着出国旅游热的兴起，去国外来一场说走就走的旅行，已经渐渐成为新的生活时尚；随着"汉语热"在全世界范围掀起，在校园中出现越来越多的外籍教师、留学生或者是进行学术交流的学者。但是在越来越频繁、越来越深入的国际交往中，暴露出的礼仪问题也不少。

部分中国游客的不佳形象、不礼貌行为受到批评。目前国内各大旅行社在出行之前，高度重视旅游礼仪、注意事项，以免游客在国外遇到麻烦。为了增进与外国友人的交往，有必要了解一些外事交往的基本知识，学习一些有关外事的基本礼仪。

一、涉外活动的基本原则

所谓涉外活动的基本原则，是指在长期的国际交往中形成和发展起来的，在国际活动中，每个国家都必须遵守的惯例。由于世界上各国国情有所不同，结交外国朋友时，除了遵守结交朋友的基本原则以外，尤需注意求同存异、遵守惯例等方面问题。

（一）维护尊严

参与涉外交往活动时，应时刻意识到在外国人眼里，自己是国家、民族、单位组织的代表，做到不卑不亢。在外国人面前，既不应该表现得畏惧自卑、低三下四，也不应该表现得自大狂傲、放肆嚣张，应表现得既谨慎又不拘谨，既主动又不盲动。

（二）求同存异

不同的国家、不同的民族，文化传统、历史和习俗千差万别，可谓“千里不同风，百里不同俗”。这些客观事实，为结交异国朋友带来一定的难度。交往中，最有效的办法就是求同存异。所谓“求同”，是指与外国人打交道、交朋友时，要把注意力放在寻求彼此之间的共同点上。双方一旦在某些方面找到相同的兴趣点或达成共识，就比较容易增进了解，加深信任。所谓“存异”，是指在与外国人交往中，要本着相互尊重的精神体谅对方，对于实在难以达成共识的东西，最好先搁置。与外国人打交道，必须注意“入境而问禁，入国而问俗”。要赢得外国朋友的好感和信赖，必须尊重对方的风俗习惯，而不是随意评点、大惊小怪，甚至指责挖苦。

（三）遵守惯例

在涉外交往中，同文化背景、风俗习惯、社会制度与自己大有差别的外国人相处时，行之有效的方法就是按照国际惯例行事。国际惯例是求同的具体表现，也是易于为外国友人所接受的宜行之法。具体来说包括以下几个方面。

1. 信守承诺

在国际交往中，人们一向认为“一诺千金”是做人应有的基本教养。在与外国朋友交往中，要维护自我形象，巩固双方的友谊，就要讲信用、守承诺，不要胡乱许诺、出尔反尔。在人际交往中，“言必信，行必果”是做人应有的基本教养。与外国朋友打交道，小到约会的时间，大到生意往来，都要讲信用、守承诺，不随便许诺，失信于人，这样才能巩固双方的友谊。在国际合作中，因为不遵守约定而造成合作失败的案例较多。

国内一家企业前往国外寻找合作伙伴。通过多方努力，这家企业终于寻觅到了自己的“意中人”。到了正式签订双方合作协议的那一天，由于种种原因，中方人员抵达签字地点的时间比双方的约定晚了半小时。当他们气喘吁吁地跑进签字厅时，外方人员却告知取消签约，外方所作的解释是：“我们绝不会为自己寻找一个没有时间观念的生意伙伴。不遵守约定的人，永远都是不值得信赖的。”

2. 热情有度

在国内，人际交往提倡关心别人比关心自己重要，先人后己，但是在国际交往中可能就无法适用。因为有些国家的人主张个性至上，对他们的过分关心，可能被误解为干预私事，会引起对方的反感。因此交往中要热情友好，但要有一定的限度。

马丁和他的中国妻子生活在中国某个小区中，他们经常带着刚出生的孩子露西在小区里散步，热情的中国大妈总喜欢围上前看看这个可爱的混血宝宝并夸赞几句。秋天的一天，天气转凉。马丁又带着孩子来到小区花园里，一位大妈告诉马丁应该给宝宝穿上袜子，要不然脚受凉孩子会生病。说时迟，那时快，大妈已经把自己孩子的袜子套在露西的脚上。马丁为此非常生气，他觉得这位大妈是对自己不尊重。

3. 尊重隐私

在国外，人们对个人隐私异常敏感，即使是家人、亲戚、朋友之间也必须相互尊重个人隐私。与外国朋友相处时，应当自觉回避对对方个人隐私的任何形式的干涉和打探。比如，不主动打听外国朋友的年龄、收入、婚恋、家庭等情况。

张先生是北京市的一名个体出租车司机，在北京申奥成功后掀起学英语的热潮中，他自学英语，并成为所在公司的学英语标兵，为此张先生感到十分自豪。一天，张先生的车上来了一位外国客人，他主动向客人问好。对方发现北京的出租车司机居然会讲流利的英语，显然很高兴，不一会儿，两人聊了起来。在交谈中，张先生开始和对方像熟人一样拉起家常来。“您今年多大了？”对方没有正面回答却说：“你猜猜看。”张先生转而又问：“您有孩子吗？是儿子还是女儿？”这位外国客人开始不耐烦起来，面对着路边的建筑说“北京比我想象的漂亮多了”，岔开了话题。后来一路上，这位外国客人始终保持沉默。张先生很是纳闷，难道我的英语太差他听不懂吗？

此例中，张先生在交谈中提出的问题在外国人看来，纯属个人隐私，是不应该如此提问的。在国际交往中，人们普遍讲究尊重个人隐私，并且将尊重个人隐私与否作为衡量一个人是否有教养、是否尊重他人的重要标志之一。

4. 以右为上

有些国际惯例与中国传统礼仪并不一致，在国际往来中要遵循国际惯例。比如在位次排列方面，中国传统礼仪遵循“以左为上”，而国际通行惯例是“以右为上”。在并排站立、行走或就座的时候，右高左低，这一条规则已普遍为人们所接受。在中央电视台的《新闻联播》里面经常可以看到党和国家领导人在会见外国友人时，都会与外国友人并排而坐，并且坐在外宾的左侧，也就是请外宾坐在自己的右侧。

我国沿海某市的一家大型企业，经过漫长的艰苦谈判，终于同美国一家大公司谈成一笔生意。双方都十分满意，达成协议后，决定举行正式的签字仪式。中方为签字仪式作了精心的准备，还专门邀请了市里的领导和新闻单位参加，以示对这一活动的重视。但在签字仪式即将举行时，美国公司却出乎意料地表示拒绝参加，搞得中方代表莫名其妙。原来中方在签字桌上摆放中美两国国旗时，按照中国传统“以左为上”的习惯，把美国国旗摆在了签字桌的左边，而将中国的国旗摆在了签字桌的右边。为此美国代表十分恼火，认为是中方有意贬低他们，故拒绝参加签字仪式。后来经过解释和调解，这场误会才得以平息。

国际活动中不遵守“以右为尊”的原则会带来不必要的麻烦。在国际交往中，主人应主动居左，而让客人居右；男士主动居左，请女士居右；晚辈居左，请长辈居右；职位较低者居左，职位较高者居右。

5. 女士优先

在国际上，在人际交往中有女士优先的原则。所谓女士优先，是对于成年男子的一种行为规范，要求男性能够主动关心女性、照顾女性、保护女性。如下楼时男士先下，出电梯时女士先出，女士在马路上走在安全一边，先向女主人致意、问候，先向女主人告别等。

一天，迎宾员小贺第一次独立地走上迎宾员的岗位。一辆白色高级轿车向饭店驶来，司机熟练而准确地将车停靠在饭店豪华大转门的雨棚下。小贺看到后排坐着两位男士，前排副驾驶座上坐着一位身材较高的外国女宾。小贺一步上前，以优雅姿态和职业性动作，先为后排客人打开车门，做好护顶、关好车门后，小贺迅速走向前门，准备以同样的礼仪迎接那位女宾下车，但那位女宾满脸不悦，使小贺茫然不知所措。

在社交场合或公共场所，男子应经常为女士着想，照顾、帮助女士。如人们在上车时，总要让女士先行；下车时，要先为女士打开车门。

6. 不必过谦

中国人一直信守谦虚是一个人的美德，但是在国外则更重视自信。对于个人能力、自我评价，既要实事求是，也要大胆肯定。随意贬低自己，要么是事实如此，要么是虚伪做作。鉴于此，在与外国朋友打交道时，不必过分谦虚，以免被人误会。西方文化与我国儒家文化有所差异，在交往过程中要注意，否则会带来不必要的麻烦。

一位英国老妇到中国游览观光，对接待她的导游小姐评价颇高，认为她服务态度好，语言水平也很高，便夸奖导游小姐说："你的英语讲得好极了！"导游小姐马上回应说："我的英语讲得不好。"英国老妇一听生气了："英语是我的母语，难道我不知道英语该怎么说？"老妇生气无疑是导游小姐忽视东西方礼仪的差异所致。

7. 不宜为先

所谓"不宜为先"的原则，指在涉外交往中，面对自己一时难以应付、不知道怎样做才好的情况时，如果有可能，最明智的做法是尽量不要急于采取行动，尤其是不宜急于抢先、冒昧行事。若有可能，面对这种情况时不妨先按兵不动，静观一下周围人的所作所为，并与之采取一致的行动。

二、国际见面礼节

国际通行的见面礼节是握手礼，但是不同民族保留着自己独特的见面礼节。与这些民族交往的过程中，如果能够得体地运用该民族的礼节，必然会迅速拉近距离，增加认同感。反之，则会惹来麻烦。

美琳初到西班牙，到友人卡洛斯家做客，特意送给卡洛斯一个漂亮的中国结作纪念。看到如此精美的礼物，卡洛斯激动地要与她行贴面礼以示感谢，但这一举动让美琳觉得不自然，下意识地躲开，害羞得不知所措，最后卡洛斯和美琳都尴尬不已。

入乡随俗，在与不同国家的人交往之前要了解这个国家的见面礼节，下面着重介绍几种常用的见面礼节。

（一）鞠躬礼

在日本、韩国以及朝鲜，都保留着见面行鞠躬礼的传统。他们见面行鞠躬礼一般要弯身30°～45°。在中国，在演讲、发言前的礼节性鞠躬礼保持在30°左右。在行礼中应注意以下几点：

（1）在鞠躬前一定要将帽子摘下，这样既表示对对方尊重，又不至于在行礼中出现帽子滑落的尴尬。

（2）行礼时，要保持立正，双腿并拢，不可在行走中弯腰鞠躬。眼睛要凝视地面，而不是抬头偷窥观众。嘴里不吃东西。

（3）礼毕抬身时，双眼要注视对方，并且面带微笑。

（二）亲吻礼

亲吻礼是西方表示亲密、热情、友好的见面礼节，但是对不同身份的对象，亲吻的部位不同。一般是长辈亲吻晚辈的额头，晚辈亲吻长辈的下颌或面颊，同辈人相互贴一贴面颊。亲吻嘴唇只是适用于夫妇和情侣之间。在公共场合，西方的习俗是女性之间一般亲吻脸颊，而男女之间只是贴一贴面颊，男子吻尊贵女士的手指或手背。

（三）拥抱礼

在西方，迎宾或道别时常以拥抱礼作为礼节。拥抱时，两人相对而立，举起右臂，将右手搭在对方的左肩后面，左手扶住对方的右后腰，按各自的方位，两人的头部及上身先向左相互拥抱，再转向右拥抱，最后又向左拥抱。如果在普通场合则不必这样讲究，表达意思即可。

在我国的礼仪习俗中，没有亲吻、拥抱的习惯，因此在涉外交际中不必主动向外国朋友施亲吻或拥抱礼。如果对方施礼，可以接受，也可以伸出右手主动握手。

（四）合十礼

合十礼，又称合掌礼。它原是佛教徒的一种见面方式，后来发展成为一种常用的见面礼，通用于东南亚国家。行合十礼要把两个手掌在胸前对合，五指并拢向上，掌尖和鼻尖基本平行，对合的手掌略向外倾斜，微微欠身低头。避免手或其他身体部位的接触。在涉外交际中，如果对方向我们行合十礼，我们就还合十礼，不必主动行合十礼。

三、涉外问候礼节

中国人相见，传统的问候方式是“去哪儿啊”“忙什么呢”“吃饭了没”等，这些问候语表达了问候者对对方的关怀和友好，双方都会产生亲切之感。而这些话语，在涉外场合使用则会产生误解，有打听个人隐私之嫌，或者有请客之意。

涉外场合中，普遍适用的问候语是“你好”“见到你很高兴”等，可以使用相同的问候语，不必一问一答。一般不采用中国式的“吃了吗”“去哪儿啊”等，因为这些话语有可能产生不必要的误解。

四、涉外称呼礼仪

由于各国的社会制度不同、风俗习惯各异，因而在称呼外国朋友时，要特别注意他们称呼的习惯。使用得体的称呼既是对他人的尊重，也是个人良好修养的表现。否则，会给交往带来不必要的麻烦。

有一位先生为外国朋友订生日蛋糕。他来到一家酒店的餐厅，对服务员小姐说：“小姐，你好，我要为一位外国朋友订一个生日蛋糕，同时附一张贺卡，你看可以吗?”服务员小姐接过订单一看，忙说：“对不起，请问您的朋友是小姐还是太太?”这位先生也不清楚他的外国朋友结婚没有，心想：“这个人都一大把岁数了，就太太吧。”生日蛋糕做好后，服务员小姐按地址到酒店客房送生日蛋糕。敲门后，女士打开门，服务员有礼貌地说：“请问，您是怀特太太吗?”女子愣了愣，不高兴地说：“错了!”服务员小姐丈二和尚摸不着头脑，抬头看看门牌号，急忙打电话问那位先生，没错，房间号码没错。再敲一遍，门开了。“没错，怀特太太，这是您的蛋糕”。那位女子大声说：“告诉你错了，这里只有怀特小姐，没有怀特太太!”啪一声，门被关上了。

这位先生由于没有很认真地了解对方，所以让对方产生不悦，自己也很尴尬。西方的称谓习惯一般遵守如下规范：

（1）通常对男子称“先生”，未婚女子称“小姐”，已婚女子称“夫人”或“女士”。对不了解其婚姻状况的女子，以“小姐”或“女士”相称。这些称呼前面都可以冠以姓名、职称、衔称，如布什先生、卡琳娜女士、希拉里夫人等。当然同辈、地位平等的时候，可以直呼其名。

（2）对于教授、学者等，可以称其职称或者学位，也可以在前面加上姓名，如史密斯博士、戴维斯教授等，但是不以老师相称。

（3）对于商店、宾馆、饭店的工作人员，一般以“小姐”“先生”相称。

另外，对不同国家的姓名要有所了解，这样不至于出现称呼上的笑话。

（1）英美国家，在先生、女士前面冠以姓氏而非名字。欧美人的姓名是“名+姓”，如“维克多·雨果”，其中“维克多”是名字，“雨果”是姓氏。一般称姓氏，正式场合要用全称，关系密切的称名字或爱称。

（2）日本人的姓名是“姓+名”，如“吉田正一”，其中“吉田”是姓，“正一”是名。正式场合称呼其全称，一般情况只称呼姓氏，亲近的人可以称“名字+君”。

（3）韩国人的姓名与中国人相同，称呼方式也相同。正式场合称呼全称，一般可称呼名字，省去姓氏。

（4）泰国人的姓名是名在前，姓在后，称呼时是“名＋先生”。如“巴颂·乍仑蓬”，其中“巴颂”是名，可以称呼“巴颂先生”，也可以表示尊敬称为“坤巴颂”，其中“坤”有尊敬之意。

五、外事交往中的禁忌

在涉外活动中，不仅要做到礼貌待人，也应该了解各个国家的禁忌，以防在不经意间冒犯了对方，带来麻烦。

（一）一般礼仪禁忌

在国外生活居住，基本的行为禁忌包括如下几方面：

1. 举止

忌姿势歪斜，手舞足蹈，说话以手指人，对人拉拉扯扯，相坐距离太近，左顾右盼，目光远视，玩弄东西或抓耳挠腮等。这些都是不礼貌的行为举止。正式场合忌讳吐痰、挖耳屎、擤鼻涕、抠鼻孔、剔牙齿，也忌讳乱丢果皮、纸屑，乱弹烟灰。

2. 言谈

忌大声辩论、高谈阔论、恶言恶语、寻根问底、出言不逊等。

3. 仪表

忌蓬头垢面、衣装不整，雨天忌讳穿着雨衣进入室内。

（二）话题禁忌

1. 个人隐私不问

在与外国人尤其是西方人交往时，要尽量避免谈论与个人隐私有关的一切问题，既不当面谈论，也不背后议论。如果不懂涉外礼仪，在涉外交往中可能会造成尴尬的局面。

刚参加工作不久的孙燕被派到欧洲某国洽谈业务。一抵达目的地，她就受到东道主接待小姐的热情欢迎。由于从机场到孙小姐所住的酒店有一段距离，于是双方就坐在车上聊起来。在交谈之中，孙小姐有点没话找话地询问对方：“你结婚了吧？”不料人家答非所问地予以搪塞，孙小姐觉得没趣。一直到酒店，两个人再也没有说一句话。

案例中的孙小姐，由于缺乏涉外交往的基本礼仪知识，无意中冒犯了对方，让双方陷入尴尬境地。外事交往中有必要遵循“五不问”原则：

（1）年龄不问。西方人的年龄是保密的，尤其是敏感时期的年龄，比如年届退休的老人、中年以后的妇女、育龄妇女等。西方人还普遍讳老，因为老年人意味着将被社会淘汰。

（2）婚史不问。西方人认为婚姻纯属个人隐私，别人不得干涉，因此询问对方的婚姻状况是不礼貌的。

（3）收入不问。西方人将收入视为个人脸面，因为它与自己的地位和能力紧密相连。不仅收入情况不宜谈论，财产、住宅和服饰等与个人收入挂钩的事情，一概免谈。

（4）个人经历不问。西方人认为经历就是他们的“老底”，因此打听对方的经历，就是试图揭开对方的老底，是非常不礼貌的。

（5）家庭住址不问。西方人不会轻易邀请别人到家里做客，以免被打扰，因此他们不会随意将家庭住址告诉别人，当然也不习惯被人打听。

2. 政治倾向和宗教信仰不问

与以上五条不宜询问的隐私相似的，还有政治倾向和宗教信仰，也被外国人视为个人隐私，因此在交往中应避免谈论。在国际交往中，由于人们所处国度的社会制度、政治体系和意识形态多有不同，所以要真正实现交往的顺利、合作的成功，就必须不以社会制度画线，抛弃政治见解的不同，超越意识形态的差异，处处以友谊为重、以信任为重。如果不懂这些礼仪，试图去打探别人的观点，甚至试图去说服别人，可能会给社交带来不必要的麻烦。

一位秘书在接待韩国客人时，为使场面不冷场，说：“你对韩国和朝鲜的统一有什么看法?”韩国客人顾左右而言他，没有正面回应。

这位秘书的寒暄显然让客人产生反感。敏感的政治问题根本不适合陌生人之间交谈，比如在美国等国家，有多个党派轮流执政，支持或属于哪个党派就是个人隐私。不仅是政治信仰，连宗教信仰也是个人问题，因此不要询问对方信仰何种宗教，更不要试图改变别人的信仰。除此之外，在涉外交往中也尽量回避谈论当时世界的敏感问题以及历史遗留问题，以免给交往蒙上不愉快的色彩。

3. 身体健康不问

中国人相遇彼此打招呼时，经常会相互问候：“身体好吗?”要是确知交往对象身体一度欠安，为了表示对对方的关心，人们往往还会热心而关切地询问对方：“病好了没有?”可是在国外，人们在闲聊时一般都是“讳疾忌谈健康”，非常反感其他人对自己的健康状况关注过多。外国人认为自己的健康是立足社会的重要“资本”，不会轻易将实情告诉他人。

4. 所忙何事不问

在国内，熟人见面之际，免不了要相互询问一下“忙什么”“上哪里去”“从哪儿回来”“怎么好久没见到你”。但是外国人认为这类问题皆属个人私事，绝对没有“曝光”的必要。“所忙何事”在西方人心中属于个人自由，向别人探听此类问题的人，被视为不是好奇心过盛、不懂得尊重别人，就是别有用心，或者具有天生的“窥视欲”。被问及这类问题时，外国人往往会“顾左右而言他”，甚至还会缄口不语。

5. 物品价格不问

在国内，朋友闲聊总爱问问别人东西在哪买的，价格如何。而在国外，一般不打探别人的房子、车、家具、首饰、服饰等物品的价格。

（三）数字禁忌

数字是人们在日常生活的言语交际中经常使用的。各国因文化背景不同，对数字的喜好也各有不同。下面略举几例，提醒人们在国际交往中多加注意。

（1）“13”：西方人眼里的不吉利数字，应当尽量避开，除此之外，星期五也是不吉利的，尤其13日适逢星期五，最好不要有任何活动。在安排住宿、电话号码等方面也要尽量回避。

（2）“4”：在日本人、韩国人眼中是不吉利的数字，因为它与“死”谐音，另外在日文中与“苦”谐音，因此有“苦苦相迫”的意思，也是不吉利的数字。

（3）“9”：在日语中，“9”发音与“哭”相似，属忌讳之列。日本人喜欢奇数，不喜欢偶数，忌“4”“6”“9”以及由其组成的数字。

（4）“3”：英国人忌讳“3”，韩国人喜欢“3”。

（5）“7”：新加坡人不喜欢数字“7”，印度人视“1”“3”“7”“13”为不吉利的数字。

（6）“6”和“8”：在中国人看来无比吉祥的两个数字，不少印度人却不喜欢这两个数，因为在印度占星术里，第6宫预示疾病，第8宫代表死亡。

（四）花卉禁忌

花卉蕴含丰富的花语，不同民族所寄托的意义却有所不同，许多在中国人眼中蕴含美好含义的花卉，在外国人眼中却是禁忌，我们要弄清楚，以免犯了忌讳失礼于人。下面列举一二。

1. 花的品种禁忌

德国人认为郁金香是没有感情的花种，日本人认为荷花是不吉祥之物，意大利人、法国人认为菊花只能用在葬礼或墓地。日本人给病人送花不能有带根的，因为“根”的发音近于“困”，使人联想为一睡不起。俄罗斯人送女主人的花束一定要送单数，会使她感到非常高兴；送给男子的花必须是高茎、颜色鲜艳的大花。

2. 花的颜色禁忌

英国人一般不爱观赏或栽植红色或白色的花。德国人一般不能将白色玫瑰花送给朋友的太太。瑞士的国花是金合欢花，瑞士人认为红玫瑰带有浪漫色彩，因此，送花给瑞士朋友时不要随便用红玫瑰，以免误会。法国人认为黄色的花是不忠诚的表示。巴西人忌讳黄色和紫色的花，认为紫色是悲伤的色调，视黄色为凶丧的颜色。

思考与练习

【问题1】 某旅行社接待来自意大利的一个商务访问团，在安排客人游览完苏杭美景之后，旅行社赠送客人一个地方特产——丝绸手帕，丝绸手帕上有多种花朵图案，其中还有不少是菊花，虽然手帕质地精良，花朵栩栩如生，但是客人们在接到礼物时却一脸不悦。

请结合外事礼仪分析意大利客人情绪的变化是什么原因造成的。我们应该从中汲取什么教训？

【问题 2】 ××机械制造厂的一位项目经理，一心扑在工作上，从不关注个人形象。有一次参加与外商的商务谈判，这位经理因在车间检查产品质量，没有做好充分准备，当秘书赶来告诉他客人已经到了时，他才从车间直奔谈判现场。后来外商认为这个厂家合作没有诚意，取消了合作协议。

请你从外事礼仪角度谈谈为什么外商会留下这样的印象。

即测即评

扫一扫 练一练

第十一讲　应聘礼仪

应聘礼仪是指在应聘过程中，应聘者所表现出来的礼貌行为和仪表形态规范，不仅仅指求职者穿什么样的衣服、化什么样的妆，也不仅仅是说几句客气话，而是要通过求职材料、言谈举止、仪态仪表、着装打扮等多方面表现出内在素养，在应聘过程中发自内心地表现出对别人的尊重和关注，体现出良好的合作性。

2015 年 7 月，重庆举行“第六届人才博览会暨重庆 2015 届毕业生大型双选会”。小唐由父母陪着前往应聘，重庆某公司市场部经理郑先生在小唐递过简历后问道：“你准备应聘什么岗位？你觉得你有什么优势？你对工资的期望值是多少？”但是令郑先生惊讶的是，小唐一言不发，唐父却一个劲地向郑先生询问：“你们公司每个月工资多少？工作环境怎么样？中午管不管饭？”小唐比较羞涩，有时候准备插上一两句却被父亲打断了。郑先生认为，这种与父母一起来应聘的毕业生录用机会不大。

显然，在人才招聘会上，服饰得体、仪表端庄、神态大方、言谈儒雅、礼仪到位的大学生更能受到用人单位的青睐。企事业单位之所以格外注重应聘者的礼仪，主要是因为一个人的礼仪修养往往代表着个人的素质和良好形象，任何人在任何场合的失礼行为，都会成为进一步交流和合作的障碍。在市场经济大潮中，社会对大学生的个人素质提出更高的标准和更加具体的要求也是情理之中的。

一、求职前的准备

求职的过程是一种双向选择的过程，在确定求职意向的时候，首先要“知己”，然后要“知彼”，切不可盲目出击，不然会增加挫败感。

曾经有一家公司面试时，先让应聘者填写应聘表，凡是没带笔的应聘者在面试前一律被淘汰。公司从这个细节先考核出应聘者对面试的重视程度，做事的责任心和认真、细致的态度。

应聘者小廖去年大学毕业，找工作一年有余了，但是一直没有找到一个满意的。在招聘会现场，小廖漫无目的地在招聘会现场观望。重庆某公司负责招聘的冉女士询问他：“你是学什么专业的？准备做什么工作？”小廖却一脸茫然，回答道：“我还不知道自己想做什么。”冉女士说，求职者一问三不知，她见过不少。

古人说："凡事预则立，不预则废。"为了获得向往已久的职位，实现事业的抱负，求职前要做好充分的准备。

（一）简历制作

如果说求职过程是个推销自我的过程，那么求职简历就是一份说明书或者一则广告。一份好的求职简历就是一块求职的敲门砖。个人简历主要是针对应聘的工作，将相关经验、业绩、能力、性格等简要地列举出来，告诉应聘单位你是一个怎样的人，以达到推荐自己的目的。一份好的个人简历不见得一定能获得工作，但一份糟糕的个人简历肯定会将你淘汰出局。

1. 简历的内容

简历一般由个人基本资料、学习和工作经历、应聘职位及希望待遇等三大部分组成。

（1）个人基本资料：包括姓名、性别、年龄、籍贯、受教育情况、语言表达能力（口头或文字表达水平）、联系电话或通信地址、兴趣爱好等。其中，联系电话务必填写清楚，便于用人单位与你联系，以免错过机会。有必要的话还可附一张能够展现自己魅力和气质的2寸照片。

（2）学习和工作经历：包括所读学校的名称、学习年限、学校考试成绩、所获奖项、曾经发表或出版过的论文或著作、被授予的荣誉称号以及工作过的单位及岗位、在工作中取得的成绩等。这部分内容主要是向用人单位证明自己的应聘资格，用人单位比较重视这一部分的内容，所以应该认真对待。

（3）应聘职位及希望待遇：注明应聘的工作岗位、希望得到的报酬，让用人单位对你的要求有一个基本的了解。确定报酬待遇前，要对社会上本岗位的薪资行情做个调查，建议持略保守的态度。

2. 怎样写好个人简历

对一个求职者来说，简历的重要性不言而喻。一份合格的个人简历，应该用词准确、内容完整、条理清晰、简明扼要。写好一份简历应该注意以下问题：

（1）要"言简意赅"。招聘主管不可能对所有的简历都仔细阅读，但是内容简洁、易懂、清楚的简历最不易被漏掉。篇幅在一页以内为好，最长不超过两页，以便招聘主管能够在10秒钟左右看完所有内容。写简历时注意扬长避短。个人简历里面的内容应实事求是，决不能虚构。

（2）突出"经历"。用人单位最关心的是求职者的经历，从经历来看求职者的经验、能力和发展潜力。所以，在写简历的时候，要重点写学过的专业知识和做过的事情，即你的学习经历和工作经历。学习经历主要包括学校学习经历和培训经历，工作经历主要是社会实践和实习情况等。

（3）突出所应聘的"职位"信息。招聘主管关心主要经历的目的是考察求职者能否胜任工作。所以，不管是写自己的经历还是进行自我评价，一定要紧紧抓住所应聘职位的要求来写，让用人单位了解你具备胜任某项工作的资格，与之无关的、对自己不利的内容完全可以不在简历上出现。

（4）要采用简约格式。简历的整体形象会影响企业对你的看法，一般采用简约格式，让人看上去很舒服。简历的布局要合理，表现形式要简单大方，语言表达要朴素、简练，表现出你为人诚实、办事干练的品质。

（5）对于“政治面貌”，传统的做法是必填。在向涉外企业求职的时候，这一条可以不写。

3. 个人简历的写作忌讳

个人简历可以说是求职材料的核心内容，在写作上一定要多多揣摩，以免出现差错，前功尽弃。除前面介绍的内容外，应避免出现以下几种情况：

（1）缺乏重点。一份有效的简历应该重点突出。求职者能干什么、优势在哪里、谋求什么职位应当一目了然。很多求职者竞争力很强，写起简历来却没有突出重点。如果一份简历看上去适合任何单位、任何职位，它给人的印象就是求职者不能确定自己的工作目标，相比别人而言，也就失去了竞争优势。

（2）缺乏营销战略。这个错误非常普遍。很少有求职者把求职看成一项推销活动。具有市场营销观念的人，会动用各种销售策略，获得决策者的信任。你的简历实际上是一份市场销售书，目的是把你带到下一轮的面试中去。把你的工作经历设想成销售工具，意味着你在写简历的时候首先要考虑顾客的购买需求。简历上每个词都要表明你能满足他们的需求，比如帮他们解决问题、节省时间或者增加利润、改善客户关系等。

（3）缺少工作业绩的陈述。可以说大部分简历都缺乏精彩的工作业绩陈述。过去的学习和实践取得的成绩是雇主评判你未来表现的依据。工作业绩能刺激雇主迫不及待地抢在竞争对手之前给你打电话。为了达到业绩陈述的最好效果，业绩必须量化成数字或百分比，量化的业绩比空洞的叙述更可靠、具体和客观。

（4）语气幼稚。像“给我一个机会，还您一个惊喜”等求职语经常在个人简历里出现，如果主考官真的给你一个机会，你会带给应聘单位什么“惊喜”？这样的语言会显得空洞。

（5）出现错别字。简历上的错别字对于求职者来说是致命的错误。要是用人单位发现你的简历上有错别字，你就可能直接被淘汰，因为小事都做不好的人何以成大事？

（6）过分谦卑。简历的作用是推销自己、表现自己。你有什么特长，尽量在简历上表现出来，让用人单位发现你的价值，因此切忌过于谦卑，不好意思向别人陈述自己的优点和成绩。如果你不说清楚自己能干什么，谁会知道你是一个有用的人才呢？所以，在简历上，你不仅要列举所干过的工作，更应该强调你能干某项工作的技能以及你所取得的成绩。

（二）求职信的撰写

求职信是求职者写给招聘单位的信函，集介绍、自我推荐和下一步行动建议于一身，并重点突出你的背景材料中和企业最有关系的内容，其内容紧紧围绕“我符合要求、我可以胜任、我有诚意应聘”来展开。一份好的求职信能体现求职者清晰的思路和良好的表达能力。换句话说，它体现了求职者的沟通交际能力和性格特征。它可以拉近求职者和人事主管（负责人）之间的距离，从而更容易获得面试机会。由此可以看出，一份好的求职信对于求职者来说是非常重要的。

1. 写好求职信的十大注意问题

（1）要说清楚为什么应聘。要列举用人单位的优点及引人之处，表达自己对加入该单位的渴望和对该单位真诚的关心，你对单位历史、现状和未来的认识或对领导的关心，这些将会赢得用人单位对你的好感。但要得体、中肯，不要过分吹捧和有意讨好，以免对方讨厌，反而不利于求职。

（2）要说清楚你希望承担什么工作。应说明你应聘的专业和岗位，但不必太具体，太具体容易缩小求职范围或与用人单位对不上口。所以在求职信的行文里要有一定的回旋余地，以便使相关的工作职位也有入选的可能。

（3）有的放矢。在材料中列举出对单位历史、现状、未来的认识或对领导的关注与关心，无疑会赢得单位对你的好感。给不同性质的单位寄求职信，介绍自己的内容应该有所侧重，切忌复印一个版本到处投递。

（4）要说明自己的条件、能力，表达对胜任工作的信心。可以列举自己的专长和曾经获得过的成绩、荣誉等，表明应聘的必备条件，增强对方的信任感。

（5）要注意措辞得体及突出个性的包装。写求职信既要正确评价自己，对自己的特长、优势、能力有具体、充分的介绍，同时也要态度谦虚、语气委婉，做到自信而不妄自尊大，谦虚而不妄自菲薄。言辞一定要诚恳、充满热情、有人情味，切不可枯燥、呆板或教条化。成功的求职信往往还在真实的基础上，通过独具匠心、巧妙构思的包装，达到不同凡响的效果。

（6）内容得体、文法正确。求职信的语气应不卑不亢，尽管你现在有求于人，但不是在请求施舍，而是以自己的工作能力证明你对别人有用，这是一种等价交换。要确保求职信内容没有错字、文法正确、句子通顺等，以免影响单位对你的印象。不要热衷于逐一叙述自己以往经历，因为对方感兴趣的只是经历中与申请职位有关的内容。如果你的经历中有不少成功之作，一定要选出一两件实例来充分说明，使对方感到你所罗列的成绩确实有理有据，值得信任。

（7）要简明扼要。求职信是自我表白，目的是让人事主管注意到你。因为人事主管有太多的求职信函要看，所以求职信一定要简明扼要，把内容控制在一两页内。

（8）暂不讨论薪水的具体数目。求职信的目标是建立联系，争取面谈的机会。此时谈薪资为时尚早，等到面试时会有更适当的场合。

（9）礼貌用语要规范。称呼要准确礼貌，问候语必不可少。

（10）选择合适的发送时间。电子邮件在给人们带来方便的同时，也带来了职场礼仪方面的新问题。电子邮件是职业信件的一种，而职业信件内容一般比较严肃。美国E-mail营销服务机构Return Path调查认为，星期一是发送电子邮件的最佳时间，而星期五、六、日不宜发送。把握好发送邮件的时机有助于求职的成功。

2. 求职信例文

尊敬的领导：

您好！

我是××大学电子工程学院的一名学生，即将毕业。

××大学是我国工科人才的培养基地，具有悠久的历史和优良的传统，素以治学严谨、育人有方而著称。在这样的学习环境下，无论是在知识、能力方面，还是在个人素质修养方面，我都受益匪浅。

4年来，在师友的严格教育及个人的努力下，我具备了扎实的专业基础知识，系统掌握了×××、×××、×××等有关理论知识；熟悉工作、交往常用礼仪；具备较好的英语听、说、读、写、译等能力；能熟练使用计算机办公软件。同时，我利用课余时间涉猎了大量书籍，不但充实了自己，也培养了自己多方面的技能。更重要的是，严谨的学风和端正的学习态度塑造了我朴实、稳重、创新的性格特点。

此外，我还积极参加各种社会活动，抓住每一个机会锻炼自己。大学4年，我深深地感受到：和优秀同学在一起，使我在竞争中获益；向实际困难挑战，让我在挫折中成长。祖辈们教我勤奋、尽责、善良、正直，××大学培养了我实事求是、开拓创新的作风。

我热爱贵单位所从事的事业，殷切地期望能够在您的领导下，为这一光荣事业添砖加瓦，并且在实践中不断学习、进步。

收笔之际，郑重向您提一个小小的要求：不论是否选择我，尊敬的领导，希望您能够接受我诚恳的谢意！

祝愿贵单位事业蒸蒸日上！

此致

敬礼

×××

××××年××月××日

附件1：个人简历

附件2：成绩表

(三)求职材料准备的注意事项

在求职的时候，需要同时使用求职信、简历以及相关技术等级证书、各级荣誉证书、其他相关资料等材料。就整体来说，以下五点是必须注意的。

1. 求职材料的最佳载体

白纸黑字是求职材料的最佳载体。打印排版的时候，注意间隔及字体的常规性，同时注意语法、标点和措辞。

2. 简历贴上照片

不管招聘单位有没有明确要求，都要主动提供自己的照片，这不仅体现了你的诚意，也使招聘单位更有可能对你的应聘资料产生兴趣，进而有耐心浏览。特别是直接和客户打交道的岗位、窗口岗位，如果你在形象上有优势，那更要贴上自己的照片。

3. 附上相关材料复印件

身份证、毕业证等相关证件的复印件，都要统一使用白色 A4 纸，放置顺序要与文字描述一致。还要避免把不同纸型、不同纸质、不同颜色的纸张混杂在一起。否则，只会让人眼花缭乱，感觉你这个人马马虎虎。

4. 做好资料装订

每份简历以及附在后面的资料都要整齐地订在一起，避免这些页面在传递过程中“分家”或者遗失。这项工作要提前做好，避免临时拼凑浪费时间。

5. 选择恰当的信封

信封要大一些，最好选用牛皮纸 7 号标准信封，这样显得更醒目，且不易破损。一份被折且不易打开的求职信会给用人单位带来很多麻烦，所以最好不要将求职材料折起来。

(四)面试前的准备

所谓面试前的准备，是指到达面试地点到开始面试这段时间的准备工作。如果准备充分、处理得当，能从心理上更加轻松自信，在面试之前就增加了面试成功的砝码；反之则会影响面试的效果。

某航空公司要面向社会招一批空姐，前来报名的人络绎不绝。有几个女孩特意到美容院将自己浓墨重彩地打扮了一番。她们高高兴兴地来到报名地点，谁知工作人员连报名的机会都不给她们。

案例中面试者由于没有提前全面深入地了解岗位需求，不了解面试的仪表礼仪而弄巧成拙。可见，只有面试前做足功课，才能稳操胜券。面试前要做好如下准备：

(1) 准时守约。约定好的面试一定要准时赴约，不到万不得已的情况不可提出更改面试时间的要求。面试前要准备充分，应该提前出发，考虑到可能的交通堵塞，在面试前一定留出足够的时间。迟到的时候，不管出于何种理由，都会让等你的主考官心存不满。这样一来，好不容易获得的面试机会，结果也就大打折扣了。当然，守时还有一个方面是不可太早到达，这样可能会打扰面试主考官的其他工作，或者致使对方准备不充分。如果提前到达，可在楼内大厅或附近场所等待一会。

(2) 注重仪表。面试者的服饰和仪表会在第一时间给主考官留下直观而深刻的印象，因此这方面同样会影响面试的结果。在赶到面试地点的时候，如果条件或时间允许，应该进洗手间整理一下衣服、擦擦皮鞋。经过一番整理，起码让自己更从容、更自信一些。

(3) 保持礼貌。从你进大门开始，对待所有和你接触的工作人员，都应该一视同仁，如保安、接待人员、秘书等，不要认为这些人不重要。往往这些细节能影响面试的结果，甚至在有些公司的面试环节中，你对普通工作人员的态度也是其中重要一环。

二、面试过程中的礼仪

面试是大学生求职应聘的重要一关，每个学生都想知道怎样表现才能给面试官留下美好而深刻的印象。听听面试官的看法：在复旦大学举行的模拟面试中，13 位学生并坐一排面对 4 位资深面试官。台下近百名学生到场观摩，希望借此机会学习到有关面试的技巧。面试官之一的通用电气 FMP 项目主管王女士指出，有些学生在回答问题时总是环顾四周，把目光投向观众席而忽略了与面试官的正面交流。她提醒大学生，面试第一步，让真诚的目光成为你的代言。在正式面试时一定要注意眼神的交流，这不仅是相互尊重的表示，更是坦然无惧的一种表现。

面试过程中的礼仪会直接影响面试官的判断和决定，所以面试者有必要掌握具体的面试礼仪。

(一) 礼貌入场

面试的顺序一般都是事前已经排定的，这时候有两种情况，一种是秘书带领进入面试房间；另一种是叫到姓名时自己去面试房间。入场时应该注意以下几点：

(1) 如果由秘书领入面试房间，而这时候主考官正埋头填写资料，不要贸然和主考官打招呼，以免打乱他的思绪，要表现出理解和合作，先静静地稍等片刻。因为既然是有人带领进入，主考官当然知道你的存在，或许他想趁和下一位面试者交谈之前，把上一位的面试结果填写出来，不会超过一两分钟，正式面试就会开始的。

(2) 如果需要自己去面试房间，千万不要贸然往里闯。不管门开着还是关着，你都要先有节奏地、轻轻地敲门，在获得主考官同意后，再进房间。即使看到主考官在填写材料，也要敲门，这样他才知道你来了。有时候，进入面试房间后，主考官让先等一会儿，就要耐心地听从安排。如果实在无所事事，可以翻阅自己带来的材料，但是切忌翻阅面试场所中的东西或者东张西望、坐立不安。

(3) 不管是如何进入面试场所，如果主考官没有允许坐下的话，不要自作主张直接坐到主考官旁边或就近门口坐下。这样会显得没有礼貌或者不符合面试官的要求。

（二）举止得体

面试中，身体语言更能反映你的修养和素质。可以从四个方面来表达这种“语言”。

1. 眼观六路

在留意倾听一个问题时，将坚定的、自信的目光停留在问话人脸上，注视时间的长度应该占总交流时间的 2/3 左右。应把目光集中在对方眼睛和鼻子之间的三角形位置上，这样会让人觉得你对他的话十分重视。如果有多位主考官，为了表示你和在场的每一位都在交流，说话的时候就要经常用目光正面扫视一下，以示平等的重视和尊重。

2. 耳听八方

最优秀的求职者往往不是滔滔不绝地说，而是积极地听。主考官并不希望求职者故作深沉、面无表情。在听主考官说话的时候，要不时地做出点头同意状，表示自己听明白了，或正在注意听，同时还要面带微笑。面试的时候，如果主考官说话多，说明他对你感兴趣，愿意向你介绍情况。但许多求职者误认为只有自己说话才是最好的方式，往往会抢着说话，或打断对方的讲话，这些都是很不懂礼貌的表现，更会使自己陷于被动。

3. 举手投足

坐在椅子上，坐姿要端正，双手要自然。千万不要拍掌、玩手指，这些不经意的小动作极可能使你落选。当然，也不要将双手握得太紧，乱摸头发、耳朵等，否则会给人留下非常紧张的印象。

4. 稳如泰山

面试的时候，有两种坐姿要坚决避免：一是随意地倚靠在椅背上；二是只坐椅边，双手触膝。前一种坐姿表明轻视、无关紧要；后一种意味着战战兢兢、如坐针毡。所以，面试的时候，坐下后身体要略向前倾，表明你坐得很稳，而且不会因为稍向前倾就失去重心；还表现出了愿意和主考官积极交流。有时候，坐下时可能需要挪动椅子，要注意不要拖动椅子致使发出扰乱神经的噪声，一定要把椅子提起来，轻拿轻放。

（三）善于沟通

在面试的过程中，可能有三种情况出现：一是面试官打断你的叙述插话进来；二是面试官东张西望，注意力不集中；三是面试官两眼发直、面无表情。如果插话，说明对方对你说的话或者是有其他意见，或者他有更好的主意要说出来；东张西望可能是对话题一点兴趣都没有，甚至感到烦闷的表现；面无表情，可能是对方的思绪已经飞到十万八千里之外。因此面试过程中不仅要说，而且还要和主考官做到互动，既要通过交流让主考官了解你，又要了解到主考官的意图，所以，倾听是非常重要的。如果一直唱独角戏，这个求职肯定会失败。主考官说话的时候，求职者应在口头语言上不时以“是”“对”“是这样的”“我想是的”作为回应。

（四）尊重考官

面试过程中要体现出对考官的极大重视和尊重，不打断对方的谈话，注意让他把话说完整并且不插话，这表明你很看重沟通的内容。人们总是把打断别人说话解释为对自己思想的尊重，而这恰恰是对对方的不尊重。交谈过程中要不时地以炯炯有神的目光和主考官进行眼神交流，不时地点头或者微笑就可以表示赞同双方正在说的内容，表明你和说话人意见相合。最后，还要记住主考官的名字，这是非常重要的。如果事先从接待人员那里知道了主考官的姓名和身份，并在面试过程中进行称呼，肯定会拉近你和主考官之间的距离。

（五）善于发问

在面试的最后阶段，面试官通常会询问应聘者：“你有什么问题要问?”面试官提出这个问题是想从另一个角度去了解应聘者是否尊重和重视所应聘的工作，此外也可以看出应聘者自己对职业发展的规划。因此，应聘者提问的内容在整个面试中同样重要，甚至可以弥补之前的一些不足。

（1）应聘者在第一轮面试时千万不要着急地问“该职位年薪多少”“何时通知面试结果”“公司还提供什么其他福利”等与自身利益有直接关系的问题。可以问一些关于公司前景的问题，如“能否介绍一下贵公司在中国的长期发展策略”“我在公司的职业发展路径是怎样的”之类的问题。这既可以表现出面试者成熟的工作态度，也证明其有计划在公司获得长期的发展。

（2）应聘者可以考虑问一下自己面试的表现，如自己有哪些不足之处。通过面试官的评价，或许可以从中预测出面试结果。当然，应聘者应采用一种较为委婉的方式提问，如可以问“如果我有幸成为贵公司的员工，您认为我还有哪些方面的不足需要改进”。对于缺少社会经验的大学生来说，在面试中举止谈吐不浮夸、不造作，展现真实的自我，才是面试官真正希望看到的一面。

（六）及时结束

面试的时候，要不时地反省下自己的言行，善于察言观色。例如，自己说得太多了，就要注意一下招聘人员是不是面露疲态或者心不在焉，如果是的话，你就要立马停下来，迅速把发言权交给对方。成功的面试都会有适当的时间限制，谈话时间短了不行，长了更不行。对于第一次参加面试的求职者，时间越长，求职者就越容易“露怯”，会对求职者不利。谈话时间的长短要视面试内容而定，一般宜控制在 30～45 分钟。

一般来说，在高潮话题结束以后，或者在主考官暗示之后就要主动告辞。告辞时可以说上一句："非常感谢给我这次面试机会。我就静候佳音了。"然后，主动和主考官握手告别。

（七）面试禁忌

1. 结伴而行

无论是什么类型的面试，都要求应聘者能够独立面对、充满自信。参加面试的时候最好不要有朋友或亲人陪同，因为这样会给主考官留下不独立、不成熟的印象。

2. 奉承拍马

虽然面试事关前程，但是也不能因此对考官肆意阿谀奉承，这是一种让人反感的行为。求职者以自己的阅历和身份玩这种小把戏，极容易被资深考官识破，适得其反。

3. 不拘小节

应聘者需要自信、落落大方。但是不可做过了头，自恃清高、不拘小节。一副无所谓、不拿自己当外人的样子，是绝对不可取的。进入面试场所也不要携带太多的东西，感觉风尘仆仆、无备而来。如果你实在是远道而来，最好提前一天到达，安排好行李再前往面试地点。

4. 犹豫不决

求职者应聘时举棋不定的态度是不明智的。犹豫不决在某种程度上反映了应聘者对应聘单位的不信任。让主考官觉得你是个信心不足、难以下决断的人，因此会怀疑你的工作作风和实际能力。

三、面试后的礼仪

面试后迫切地想知道面试的结果，是每一位面试者的心愿。但是面试结束并不意味着求职过程结束，还要注重面试后的礼仪，这时的不当表现仍然可能会让你失去到手的机会。

一家公司的公关部招聘一位职员，许多人参加角逐，一轮轮淘汰，最后只剩下 5 个人。公司通知这 5 个人，聘用哪个人还得由经理层会议讨论后才能决定。于是这 5 个人安心地回家，等待公司的最后决定。几天后，应聘者徐某在电子邮箱里收到一封信，内容是："经过公司研究决定，你落聘了，但是我们欣赏你的学识、气质，因为名额有限，实是割爱之举。公司以后若有招聘名额，必会优先通知你。你所提交的资料录入电脑存档后，不日将邮寄返还于你。另外，为感谢你对本公司的信任，随寄去本公司产品的优惠券一份。祝你开心。"

徐某在收到电子邮件的一刻，知道自己落聘了，十分伤心。两天后，她收到了寄给她的材料和一份优惠券。她为公司的诚意所感动，顺手花了 3 分钟时间用电子邮件给那家公司发了一封简短的感谢信。两个星期后，她接到那家公司的电话，说经过经理层会议讨论，她被正式录用为该公司职员。后来，她才明白，这是公司的最后一道面试考题。公司给其他 4 个人也发了同样的电子邮件，也送了优惠券，但是回信感谢的只有她一人。她能胜出，只是因为多花了 3 分钟时间去回了一封表示感谢的邮件。

案例中徐某成功的经验给我们的启示：面试以后要关注结果、收拾心情并继续保持应有的礼节。具体来说，要注意以下几方面：

（1）询问的电话最好避开刚上班或即将下班的时间，因为这两个时段是人们工作最不在状态的时候，有可能会对你草草应付。

（2）在询问面试结果之前，有必要再做一次自我介绍，便于对方查找面试结果。

（3）如果接到录用的消息，当然非常高兴，应该明确何时能够收到正式的录用通知书，或者签订工作协议等。如果接到的是失败的消息，也不应该质问对方，应该礼貌地向对方道谢、道别。

案例分析

友好举动赢得岗位

李超凡是一名计算机程序员，听说某软件公司招程序员，他信心十足地去应聘。面试时考官问的问题是关于软件未来发展方向方面的，这点他从来没有考虑过，故而惨遭淘汰。李超凡觉得该公司对软件业的理解令他受益匪浅，就特意给公司写了一封信表示感谢。这封信后来被送到总裁的手中。3 个月后，该公司出现空缺，李超凡收到了该软件公司的录用通知书。十几年后，凭着出色的业绩，李超凡成为公司的副总裁。

从这个案例中可以看到，即使在自己应聘失败的时候，也不能迁怒于人。礼貌、友好、感恩的素养迟早都会得到人们的认可，也会给自己带来机遇。

思考与练习

1. 假设你要参加人才招聘会，请你根据自身专业特色和求职需求制作一份求职简历。要特别注意简历的篇幅、格式以及你的营销策略。

2. 教师在班里扮演招聘单位的主考官，请学生们扮演应聘者来面试，然后教师对学生的表现进行点评。

3. 请分析以下案例中学生在公司的表现，体会面试中个人修养的重要性。

几年前，一批应届毕业生 22 个人，被导师带到国家某部委实验室里参加面试。全体学生坐在会议室里等待部长的到来，这时有秘书给大家倒水，同学们表情木然地看着她忙活，其中一个还问了句：“有绿茶吗？天气太热了。”秘书回答说：“抱歉，刚刚用完了。”小王同学听着有点别扭，轮到他时，他轻声说：“谢谢，大热天的，辛苦了。”秘书抬头看了他一眼，满含着惊奇，虽然这是很普通的客气话，却是她今天听到的唯一一句感谢语。

门开了，部长走进来和大家打招呼，不知怎么回事，静悄悄的，没有一个人回应。小王左右看了看，犹犹豫豫地鼓了几下掌，同学们这才稀稀落落地跟着拍手，由于不齐，越发显得零乱起来。部长挥了挥手："欢迎同学们到这里来参观。平时这些事一般都是由办公室负责接待，因为我和你们的导师是老同学，非常要好，所以这次我来给大家讲一些有关情况。我看同学们好像都没有带笔记本，王秘书，请你去拿一些我们部里印的纪念手册，送给同学们作纪念。"接下来，更尴尬的事情发生了，大家都坐在那里，很随意地用一只手接过部长递过来的手册。部长脸色越来越难看，来到小王面前时，小王礼貌地站起来，身体微倾，双手握住手册，恭敬地说了一声："谢谢您！"部长闻听此言，不觉眼前一亮，伸手拍了拍小王的肩膀："你叫什么名字？"小王照实作答，部长微笑点头，回到自己的座位上。

两个月后，同学们各奔东西，小王去了国家某部委实验室。有几位颇感不满的同学找到导师："小王的学习成绩最多算是中等，凭什么推荐他而没有推荐我们？"导师看了看这几张尚属稚嫩的脸，笑道："是人家点名要的。其实你们的机会是完全一样的，你们的成绩甚至比小王还要好，但是除了学习之外，你们需要学的东西太多了，修养是第一课。"

即测即评

扫一扫　练一练

参考文献

［1］袁涤非，朱海燕，陈枳齐．餐饮礼仪［M］．沈阳：东北大学出版社，2018.

［2］袁涤非．现代礼仪［M］．2版．北京：高等教育出版社，2020.

［3］金正昆．商务礼仪教程［M］．6版．北京：中国人民大学出版社，2019.

［4］金正昆．社交礼仪教程［M］．北京：中国人民大学出版社，2019.

［5］金正昆．涉外礼仪教程［M］．5版．北京：中国人民大学出版社，2018.

［6］陈美英．职场礼仪［M］．重庆：重庆大学出版社，2019.

［7］金正昆．职场礼仪［M］．3版．北京：中国人民大学出版社，2023.

［8］张彤．社交礼仪与交往艺术［M］．西安：西安电子科技大学出版社，2021.

［9］张丽娟．现代社交礼仪［M］．北京：清华大学出版社，北京交通大学出版社，2021.

［10］陈鸿雁．大学生现代礼仪教程［M］．北京：北京大学出版社，2024.

［11］李妍．中西方餐饮礼仪［M］．苏州：苏州大学出版社，2023.

［12］斯静亚．职场礼仪与沟通［M］．4版．北京：高等教育出版社，2021.

［13］王艳．商务礼仪与沟通［M］．北京：中国财政经济出版社，2024.

［14］方尤瑜，杨锋，张同钦．秘书礼仪［M］．2版．北京：中国人民大学出版社，2020.

［15］倪祥妍．秘书礼仪［M］．北京：北京师范大学出版社，2020.

［16］陈韵，邹远志，武端理．秘书实务［M］．北京：清华大学出版社，2022.

［17］朱欣文，杨剑宇．秘书实务［M］．2版．上海：华东师范大学出版社，2019.